BIBLIOGRAPHISCHER DIENST
STAAT UND RECHT

Herausgeber:
DEUTSCHES INSTITUT FÜR RECHTSWISSENSCHAFT
Potsdam-Babelsberg

Jahrgang 2/1956 — Heft 3
Mai/Juni

AKADEMIE-VERLAG · GMBH · BERLIN

Bezug des Bibliographischen Dienstes
Erscheinungsweise: zweimonatlich
Preis pro Heft 3,70 DM

Bestellungen sind zu richten an eine Buchhandlung oder an die Post.

Auslieferungen:

Für das Gebiet der Deutschen Demokratischen Republik: LKG — Leipziger Kommissions- und Großbuchhandel, Leipzig C 1, Leninstraße 16

Für das Gebiet der Bundesrepublik Deutschland: KUNST UND WISSEN — Inh. Erich Bieber, Stuttgart N, Hospitalstraße 33 a.

Für das gesamte Ausland: Deutsche Buch-Export und -Import GmbH., Leipzig C 1, Postschließfach 276 oder Akademie-Verlag GmbH., Berlin W 8, Mohrenstraße 39.

Anschrift der Redaktion:
Deutsches Institut für Rechtswissenschaft, Abt. Bibliothek,
Potsdam-Babelsberg II, Karl-Marx-Straße 2

Bearbeiter: Dr. Renate Bellmann und Helmut Luft
Transkription: Bibliothekarisch und phonetisch

Inhaltsverzeichnis:

A. BIBLIOGRAPHIE AUS ZEITSCHRIFTEN DER DEUTSCHEN DEMOKRATISCHEN REPUBLIK, DER SOWJETUNION UND DEN LÄNDERN DER VOLKSDEMOKRATIE

Diese Bibliographie enthält eine Auswahl einschlägiger Artikel aus folgenden Zeitschriften: 1)

a) Deutschsprachige Zeitschriften

Ahdl.	= Der Außenhandel, Berlin	1956,H.2-4
Altertum	= Das Altertum, Berlin	1955,H.4
Arb.	= Die Arbeit, Berlin	1956,H.1-2
Aufb.	= Aufbau (Kulturpolitische Monatsschrift), Berlin	1956,H.2
A.u.S.	= Arbeit und Sozialfürsorge, Berlin	1956,H.1-4
Ber.Dt.Wirtsch.Inst.	= Berichte des Deutschen Wirtschaftsinstituts, Berlin	1955,H.19-21; 23-24
Dem.Aufb.	= Demokratischer Aufbau, Berlin	1956,H.2-4
ddz	= Dokumentation der Zeit, Berlin	1956,H.109-112
DFW	= Deutsche Finanzwirtschaft, Berlin	1956,H.1-4
Dt.Ldwi.	= Die deutsche Landwirtschaft, Berlin ..	1956,H.2
Dt.Zs.Philos.	= Deutsche Zeitschrift für Philosophie, Berlin	1955,H.6
Einh.	= Einheit, Berlin	1956,H.1-2
EuV	= Erfindungs- und Vorschlagswesen,Berlin	1956,H.2-4
Forum,Wiss.Beil.	= Wissenschaftliche Beilage des Forum, Berlin	1956,H.1
Gew.Akt.	= Das Gewerkschaftsaktiv, Berlin	1956,H.3-4
Hdl.	= Der Handel, Berlin	1956,H.1-4
Nat.	= Die Nation, Zeitschrift für Theorie und Praxis Nationaler Politik, Berlin	1955,H.12; Sonderheft; 1956,H.1-2
NJ	= Neue Justiz, Berlin	1956,H.2-5
N.Weg	= Neuer Weg, Berlin	1956,H.1-3

1) Die hier aufgeführten Hefte sind gemäß der Benutzungsordnung der Bibliothek des Deutschen Instituts für Rechtswissenschaft bedingt ausleihfähig.

N.Zeit = Neue Zeit, Moskau 1956,H.1-9

Reporter = Der Reporter, Berlin 1956,H.1-2

RID = Rechtswissenschaftlicher Informationsdienst, Berlin 1956,H.3-6

Schöffe = Der Schöffe, Berlin 1956,H.1-2

Sov.Wiss.GA = Sowjetwissenschaft, Gesellschaftswissenschaftliche Abteilung, Berlin 1956,H.1-2

Stat.Prax. = Statistische Praxis, Berlin 1956,H.1-2

St R = Staat und Recht, Berlin 1956,H.1-2

Vpol. = Die Volkspolizei, Berlin 1956,H.2-4

Weltb. = Die Weltbühne, Berlin 1955,H.5o-52

WGBew. = Die Weltgewerkschaftsbewegung, Berlin . 1955,H.6
1956,H.1-2

Wirtsch.Wiss. = Wirtschaftswissenschaft, Berlin 1955,H.6
1956,H.1

Wiss.Ann. = Wissenschaftliche Annalen, Berlin 1956,H.1-2

Zs.Jug.Heimerz. = Zeitschrift für Jugendhilfe und Heimerziehung, Berlin 1955,H.12
1956,H.1-2

b) Fremdsprachige Zeitschriften

Állam és Igazg. = Állam és Igazgatas (Staat und Verwaltung), Budapest 1955,H.11-12

J.K. = Jogtudományi közlöny (Rechtswissenschaftliche Mitteilungen), Budapest 1955,H.11.12

Kommunist, Moskau 1956,H.1-2

Lupta de Clasa (Der Klassenkampf), Bukarest 1955,H.11-12

Mežd.žizn = Meždunarodnaja žizń (Das internationale Leben), Moskau 1955,H.11-12

Nowe Drogi (Neue Wege), Warschau 1955,H.12
1956,H.1-2

N.P. = Nowe Prawo (Neues Recht), Warschau 1956,H.1

Pr.obz. = Právny obzor (Juristische Rundschau), Bratislava 1955,H.1o

Soc.pravo = Socialističeskoe Pravo (Sozialistisches Recht), Sofia 1955,H.8-9

Soc.zák. = Socialistická zákonnost (Die sozialistische Gesetzlichkeit), Prag 1955,H.1o

Soudce z lidu,(Der Volksrichter),Prag 1956,H.1

Sov.gos.pravo = Sovetskoe gosudarstvo i pravo(Sowjetstaat und Sowjetrecht), Moskau 1956,H.1

Vopr.ekon. = Voprosy ekonomiki (Fragen der Ökonomie), Moskau 1955,H.12
1956,H.1-2

Vopr.fil. = Voprosy filosofii (Fragen der Philosophie), Moskau 1955,H.6

Vopr.ist. = Voprosy istorii (Fragen der Geschichte), Moskau 1955,H.11-12
1956,H.1

1.Marxismus-Leninismus [1)]

Alekseev-Popov, V.S.(Alexejew-Popow,W.S.): Eine neue kollektive Arbeit über die Geschichte des Marxismus. Aus der Geschichte des Kampfes von Marx und Engels für die proletarische Partei. Moskau 1955.(Rez.)(Vopr.ist.,1955,H.12, S.117-126)

Demel,R.: Der Aufbau des Kommunismus in der Sowjetunion. (N.Weg,1956,H.3, S.176-181) 6

Jakovlev,N.N. (Jakowlew,N.N.): Moskauer Bolschewiki an der Spitze des bewaffneten Dezemberaufstandes im Jahre 19o5. (Vopr.ist.,1955,H.12, S.3-18)

Die Kommunistische Partei - die führende Kraft des Sowjetstaates. (Sov.gos.pravo,1955,H.8, S.3-12; deutsch: RID,1956,H.4,Sp.89-99) 6

Die KPdSU - Führer des Sowjetvolkes auf dem Wege zum Kommunismus. (N.Weg,1956,H.3, S.13o-138) 6

Lefebvre,H.: Lenin als Philosoph. (Dt.Zs.Philos.,1955, H.6, S.689-71o)

Material des Marx-Engels-Lenin-Stalin-Instituts beim ZK der KPdSU. Artikel von K.Marx und F.Engels aus den Jahren 1847-1849. (Vopr.ist.,1955,H.11, S.3-13)

Reimann,M.: Wilhelm Pieck - ein Leben im Kampf für die Einheit der deutschen Arbeiterklasse. (Einh.,1956,H.1, S.11-21)

Rosental,M.M.: W.I.Lenin über die Aufgaben und Prinzipien der Ausarbeitung der dialektischen Logik. (Sov.Wiss.GA,1956,H.1, S.49-7o)

Schleifstein,J.: Über das Verhältnis des Marxismus zur Philosophie Hegels. (Dt.Zs.Philos.1955,H.6, S.711-727)

Sidorow,A.L.: Zur Frage der Verlagerung des Zentrums der internationalen Arbeiterbewegung nach Rußland. (Sov.Wiss.,1956,H.1, S.1o4-124) 3

2.Theorie des Staates und des Rechts

Alexandrow,N.G.: Gesetzlichkeit und Rechtsordnung in der sozialistischen Gesellschaft. (Sov.Wiss.GA,1956,H.1, S.86-1o3)

1) Die nach der Fundstelle eines Artikels angegebenen Zahlen verweisen auf die Bedeutung dieses Artikels auch für andere Fachgebiete entsprechend der hier zugrundegelegten Systematik.

Anisimov,S.F. (Anisimow,S.F.): Das Verhältnis der Kategorien des Gesetzes, der Kausalität,der Notwendigkeit und Zufälligkeit. (Vopr.fil.,1955,H.6, S.45-56)

Archipov,I.A. (Archipow,I.A.): Wie ist die Mannigfaltigkeit der Staatsform der Diktatur des Proletariats zu erklären. (Vopr.fil.,1955,H.6, S.257-262)

Čertkov,V.P. (Tschertkow,W.P.): Die Einheit der sowjetischen Gesellschaft und der Kampf des Neuen gegen das Alte. (Vopr.fil., 1955,H.6, S.183-186)

Dillmann, W.: B.Alavi,Kämpfendes Iran.Berlin 1955.(Rez.)(Nat., 1956,H.2, S.136-147)

Kachiani,V.S. (Kachiani,W.S.): Die hauptsächlichen Widersprüche unserer Gesellschaft. (Vopr.fil.,1955,H.6, S.186-187)

Kammari,M.D.: G.E.Glezerman, Die Basis und der Überbau in der sowjetischen Gesellschaft. Moskau 1954.(Rez.).(Vopr.fil.,1955, H.6, S.191-195)

Kammari,M.: Die Rolle der Volksmassen bei der Entwicklung des geistigen Lebens der Gesellschaft.(Kommunist,1956,H.1, S.21-35)

Klein,M.: Vom Wesen des sozialistischen Bewußtseins.(Dt.Zs.Philos., 1955,H.6, S.678-688)

Köppen,G.: Zur Vorbereitung der rechtswissenschaftlichen Konferenz der Deutschen Akademie für Staats- und Rechtswissenschaft "Walter Ulbricht". (Dem.Aufb.,1956,H.3, S.52-53)

Kogan,L.N.;I.D.Glazunov, (I.D.Glasunow): Das Problem der Widersprüche in der sowjetischen Gesellschaft.(Vopr.fil.,1955,H.6, S.179-183)

Kröger,H.: Das Recht in der Deutschen Demokratischen Republik muß zum Hebel des sozialistischen Aufbaus werden! (St R,1956, H.1, S.1-1o) 6

Kröger,H : Das Recht in der Deutschen Demokratischen Republik zum Hebel des sozialistischen Aufbaus machen! (NJ,1956,H.2, S.33-34)

Kutschke, A.: Die Rolle der Gewerkschaften bei der Entwicklung einer sozialistischen Moral. (Gew.Akt.,1956,H.4, S.43-46)

Löwenthal, H.: Zwei justizpolitische Aufsätze W.I.Lenins. (NJ,1956,H.2, S.34-37)

Pétri,Z.: Fragen der sozialistischen Gesetzlichkeit im Spiegel der sowjetischen Presse. (Állam és Igazg.,1955,H.12, S.733-737)

Piontkovskij,A.A.(Piontkowskij,A.A.): Einige Fragen der allgemeinen Theorie des Staates und des Rechts.(Sov.gos.pravo,1956, H.1, S.14-27)

Für die Erhöhung der Bedeutung der Rechtswissenschaft in der Kodifikation der sowjetischen Gesetzgebung. (Sov.gos.pravo,1956, H.1, S.3-13)

Ryng,J.: Die Rasse und die Klasse. (Teil 1)(Nowe Drogi,1956, H.1, S.58-73)

Schulz, P.-B.: M.P.Karewa, Recht und Moral in der sozialistischen Gesellschaft. Berlin 1954.(Rez.)(Dt.Zs.Philos.,1955, H.6, S.766-770)

Schwartze, H.: Über den Mißbrauch der Religion zu irdischen Zwecken. Bischof D.Dr.Dibelius und das Verhältnis der Christen zum Staat der Arbeiter und Bauern. (Forum,Wiss.Beil.,1956, H.1, S.7-16)

Stepanjan,C.A. (Stjepanjan,Z.A.): Die Kommunistische Partei - die große umgestaltende Kraft der Gesellschaft.(Vopr.fil.,1955, H.6, S.3-18)

3.Geschichte des Staates und des Rechts

Bagrejew,A.D.: Die Befreiung Polens 1944/45 durch die Sowjettruppen. (Sov.Wiss.,1956,H.1, S.125-140)

Bessmertnyj,Ju.L. (Bessmertnij,J.L.): Der Übergang vom Feudalismus zum Kapitalismus.(Vopr.ist.,1955,H.12, S.178-182)

Bianchi,L.;K.Rebro: Rechtshistorische Studien. Prag 1955.(Rez.) Teil 1.(Pr.obz.,1955,H.10, S.628-633)

Bor-Ramenskij,E.G.: Über die Quellen und die Literatur zur Geschichte des sowjetischen Hinterlandes in den Jahren des Großen Vaterländischen Krieges. (Vopr.ist.,1955,H.12, S.138-145)

Černjak,E.B.(Tschernjak,E.B.): Die englische und amerikanische Geschichtsschreibung über die Revolution der Jahre 1905-1907. (Vopr.ist.,1955,H.12, S.126-138)

Derbov,L.A.;G.D.Burdej(Derbow,L.A.;G.D.Burdiej): Grundriß der Geschichte der UdSSR. Periode Feudalismus.Moskau 1955.(Rez.) (Vopr.ist.,1955,H.12, S.152-158)

Efendiev,M.M.;A.I.Peršitz, (Efendijew,M.M.;A.I.Perschitz): Über das Wesen der patriarchalisch-feudalen Beziehungen bei den viehzuchttreibenden Nomaden. (Vopr.ist.,1955,H.11, S.65-75)

Feldmann, D.I.: Aus der Geschichte der internationalen Anerkennung des Nationalkomitees für die Befreiung Jugoslawiens. (Vopr.ist.,1955,H.12, S.96-101)

Galkin,I.: Die internationale Bedeutung der Revolution der Jahre 1905-1907 in Rußland.(Mezd.žizn,1955,H.12, S.72-81) 5

Galperin,M.J.: Die Entwicklung des Agrarprogramms der Bolschewiki in der ersten russischen Revolution von W.I.Lenin. (Vopr.ist.,1955,H.11, S.14-24) 9

Der erste politische Generalstreik in Deutschland. Hamburg, 17.Jan.1906. (ddz,1956,H.110,Sp.8782-8787)

Über das Studium der Geschichte der Geschichtswissenschaft. (Vopr.ist.,1956,H.1, S.3-12)

Die Thematik der Referate auf dem 10.Internationalen Kongreß der Geschichtswissenschaftler.(Vopr.ist.,1955,H.11, S.185-189)

Über die Beratung der Autorenaktivs der Geschichtswissenschaftler für Staat und Recht bei der Redaktion der Zeitschrift "Sowjetstaat und Sowjetrecht". (Sov.gos.pravo,1956,H.1,S.131-134)

Halicz,E.L.: Über die Rolle der Volksbefreiungsbewegung bei der Bildung der polnischen bürgerlichen Nation. (Vopr.ist.,1955, H.12, S.67-75) 2

Jerussalimski,A.S.: Der deutsche Imperialismus und die Entstehung des Burenkrieges.(Wiss.Ann.,1956,H.1, S.25-36)

Kuznecov,I.(Kusnezow,I.): W.Franklin - ein hervorragender amerikanischer Gelehrter und Staatsmann. (Kommunist,1956,H.1, S.109-118)

Langerbeck,L.: Die demokratischen Bewegungen in Deutschland gegen Ende des 18.Jahrhunderts und die Rolle Georg Forsters. (Nat.,1955,H.12, S.890-898)

Leonidov,A.(Leonidow,A.): Über die Wege der historischen Entwicklung der englischen Arbeiteraristokratie.(Vopr.ist.,1956, H.1, S.58-74)

Lujblinski,V.S.(Lujblinski,W.S.): Neues Material über die Maiaufstände vom Jahre 1775 in Paris.(Vopr.ist.,1955,H.11, S.113-117)

Osolin,A.I.: Über die internationale Bedeutung des tschechischen Bauernkrieges im 15.Jahrhundert.(Sov.Wiss.GA,1956,H.2, S.224-243)

Petrova,L.F.(Petrowa,L.F.): Der Petersburger Sowjet der Arbeiterdeputierten im Jahre 1925. (Vopr.ist.,1955,H.11, S.25-40) 6

Rakocy,M.: Die Gründung der Kommunistischen Partei Ungarns. Die Ungarische Räte-Republik (1917-1919).(Vopr.ist.,1955,H.11, S.41-64) 6

Redkin,P.K.;V.N.Firstova,(Firstowa,W.N.): Über die Literatur der Geschichte der Bauernbewegung in der Revolution der Jahre 1905-1907. (Vopr.ist.,1955,H.11, S.124-128)

Die Erinnerungen der Teilnehmer der ersten russischen Revolution. (Vopr.ist.,1955,H.12, S.33-44)

Shukow,J.: Über Mahatma Gandhis geschichtliche Rolle.(N.Zeit, 1956,H.6, S.15-16)

Westphal,H.: Das Hambacher Fest 1832, ein Höhepunkt der Kämpfe des "Vormärz" in Deutschland. (Nat.,1956,H.2, S.155-161)

Winkelmann,E.: Mao Tse-tung über Chinas Weg zum Sieg.(N.Weg,1956, H.3, S.190-192) 6

Zimanov,S.Z.(Simanow,S.S.): Über die patriarchalisch-feudalen Verhältnisse der viehzuchttreibenden Nomaden.(Vopr.ist.,1955, H.12, S.63-67)

Žuravleva,J.(Shurawlewa,J.): Material zur Geschichte des Tadshikischen Volkes seit dem Bestehen der Sowjetmacht.(Artikelsammlung)(Rez.).(Vopr.ist.,1955,H.11, S.134-136)

4.Geschichte der politischen Anschauungen

Gulyga,A.V.(Guliga,A.W.): Die Entstehung des Positivismus. (Vopr.fil.,1955,H.6, S.57-69)

Jehle,H.: Bericht von der ersten öffentlichen Verteidigung einer Dissertation aus dem Gebiet der Politischen Anschauungen an der juristischen Fakultät der Martin-Luther-Universität Halle-Wittenberg.(Schöneburg, Das Verhältnis des Staatlichen Gesetzes zum Naturrecht in der neuthomistischen Rechtsphilosophie) (St R,1956,H.1, S.107-115) 2

Jerofejev,N.A.(Jerofejew,N.A.): L.C.Wright, Der schottische Chartismus. (Rez.) (Vopr.ist.,1955,H.11, S.149-152)

5.Völkerrecht und Außenpolitik

Verzeichnis der Artikel und der Materialien,die im Jahre 1954 und 1955 in der Zeitschrift "Mezdunarodnaja žizn" veröffentlicht wurden.(Mežd.žizn,1955,H.12, S.149-159).

Erklärung W.M.Molotows auf der Abschlußsitzung der Außenministerkonferenz in Genf am 16.Nov.1955. (Nat.,1955,H.12,S.822-827)

Bundestag mißachtet Interessen des deutschen Volkes. Außenpolitische Debatte vom 1.und 2.Dez.1955. (ddz,1956,H.109, Sp.8608-8625)

Bechler,B.: Die imperialistischen Stützpunktstrategen müssen durch die Kraft des einheitlichen und geschlossenen sozialistischen Weltlagers im Zaume gehalten werden.(Einh.,1956,H.2, S.182-191)

Bogdanov,O.V.(Bogdanow,O.W.): Die bürgerliche Völkerrechtsdoktrin über das Problem der internationalen Zusammenarbeit. (Sov.gos.pravo,1955,H.4, S.97-108; deutsch: RID,1956,H.5, Sp.130-140)

Borisov,S.(Borisow,S.): Das internationale Gericht der UN im Jahre 1955. (Sov.gos.pravo,1956,H.1, S.125-126)

Brandweiner,G.: Die außenpolitischen Perspektiven Österreichs nach dem Abschluß des Staatsvertrages. (Mežd.žizn,1955,H.12, S.92-93) 6

Botschaft des Vorsitzenden des Ministerrats der UdSSR, N.A.Bulganin,an den Präsidenten der Vereinigten Staaten von Amerika, Dwight D.Eisenhower.(Mit dem Entwurf eines Vertrages über Freundschaft und Zusammenarbeit zwischen der UdSSR und den USA vom 23.Jan.1956)(N.Zeit,1956,H.6, S.37-39)

Von einigen Geboten vernünftiger Politik.(Briefwechsel Bulganin - Eisenhower)(N.Zeit,1956,H.7, S.5-8)

Botschaftswechsel zwischen dem Vorsitzenden des Ministerrats der UdSSR N.A.Bulganin und dem Präsidenten der USA Dwight D.Eisenhower. (23.Jan.-1.Febr.1956)(N.Zeit,1956,H.7, (Beil), S.35-40)

Czaya,E.: Die Lage im Nahen und Mittleren Osten.(Aufb.,1956, H.2, S.164-172)

Danilevič,M.(Danilewitsch,M.): Latein-Amerika und die internationale Zusammenarbeit. (Kommunist,1956,H.2, S.1o4-115)

Allgemeine Deklaration der Menschenrechte vom 10.Dez.1948;(Text mit Anm.zum 7.Jahrestag). (Mezd.zizn,1955,H.12, S.144-148)

Deutsch-Chinesischer Freundschaftsvertrag.(25.Dez.1955) (ddz,1956,H.112,Sp.8885-8888)

Gemeinsame Erklärung DDR-China.(25.Dez.1955)(ddz,1956,H.112, Sp.8887-8890)

Zum Vertrag über Freundschaft und Zusammenarbeit zwischen der Deutschen Demokratischen Republik und der Volksrepublik China. (Nat.,1956,H.1, S.5-6)

Gemeinsame Erklärung der Regierung der Deutschen Demokratischen Republik und der Regierung der Koreanischen Volksdemokratischen Republik. (Vom 21.Dez.1955) (Nat.,1956,H.1,S.13-15; ddz,1956, H.112,Sp.8889-8892)

Gemeinsame Erklärung der Regierung der Deutschen Demokratischen Republik und der Regierung der Mongolischen Volksrepublik.(Vom 27.Dez.1955) (Nat.,1956,H.1,S.16-17; ddz,1956,H.112,Sp.8892 - 8894)

Durdenevskij,V.N.; A.N.Ševčenko (Durdjenewskij,W.N.; A.N. Schewtschenko): Die Unvereinbarkeit der Anwendung von Atomwaffen mit den Normen des Völkerrechts. (Sov.Wiss.GA,1956,H.2,S.174-182)

Evgeńev,I.; S.Krečetov (Ewgenjew,I.;S.Kretschetow):Das Problem der Abrüstung kann und muss gelöst werden. (Mezd.žizn,1955, H.12,S.38-51)

Erklärung der Regierung der DDR vom 25. Nov. 1955 nach der Genfer Konferenz. (ddz,1956,H.1o9,S.86o6) 6

Grigoŕev,Ch.(Grigorjew,Ch.): Entgegen den Interessen des Iran und der internationalen Sicherheit. (Mezd.žizn,1955,H.12,S.52-64)

Homann,H.: Zu den Ergebnissen der Genfer Konferenz der Aussenminister der UdSSR,der USA,Englands und Frankreichs.(Nat.,1955, H.12,S.828-841)

Jermaschow,I.:Gebote werden Realität.Zu den Ergebnissen der 1o.UN-Vollversammlungstagung. (N.Zeit,1956,H.3,S.3-7)

Jerussalimski,A.: Was bezweckt die Veröffentlichung des "Harriman-Memorandums"? (N.Zeit,1956,H.5,S.1o-13)

Ivanov,K.(Iwanow,K.): Über die Außenpolitik der UdSSR und die gegenwärtige internationale Lage. (Mežd.zizn,1955,H.11, S.13-27)

Der 3.Bericht der Internationalen Überwachungs- und Kontrollkommission in Kambodscha (Vom 28.Juli 1955).(Mežd.žizn,1955,H.11, S.151-159)

Kirchhoff,R.: Entwicklung und Kampf der Weltfriedensbewegung. (Nat.,1956,H.1, S.18-28)

Ladyženskij,A.M.(Ladyshenskij,A.M.): Die Ordnung des Verfahrens in internationalen politischen Konferenzen des XX.Jahrhunderts. Ausgewählte Dokumente von V.N.Durdenevskij. (Rez.)(Sov.gos.pravo, 1956,H.1, S.154-156)

Malin,A.: Die Festigung der sowjetisch-norwegischen Beziehungen vollzieht sich im Interesse beider Länder.(Mežd.žizn,1955,H.12, S.65-71)

Michajlov,V.(Michajlow,W.): Die Westmächte verhindern die Gewährleistung der europäischen Sicherheit und die Lösung der deutschen Frage.(Mezd.zizn,1956,H.12, S.24-37) 6

Modžorjan,L.(Modshorjan,L.): Der Neutralitätsgedanke heutzutage. (N.Zeit,1956,H.8, S.13-16)

Modžorjan,L.(Modshorjan,L.): Die ständig neutralen Staaten und das Völkerrecht.(Sov.gos.pravo,1955,H.7, S.109-114;deutsch: RID,1956, H.5,Sp.151-158)

Morgenroth,H.: Der Kampf der Völker Marokkos und Algeriens gegen koloniale Unterdrückung.(Nat.,1956,H.1, S.40-50)

Nándori,P.: Ungarn ist Mitglied der Vereinten Nationen.(Állam és Igazg.,1955,H.12, S.693-697) 3

Nerlund,I.: Dänemark in der Sphäre der Atlantikpolitik.(Mežd.žizn, 1955,H.11, S.64-74)

Delegation des Obersten Sowjets der UdSSR in der DDR.(ddz,1956, H.110, Sp.8697-8702) 6,7

Petuchov,V.(Petuchow,W.): Die sowjetisch-afghanische Zusammenarbeit. (N.Zeit,1956,H.9, S.14-16)

Sadoroźnyj,G.P.(Sadoroshnij,G.P.): Die völkerrechtlichen Prinzipien des friedlichen Nebeneinanderbestehens der Staaten.(Sov.gos. pravo,1955,H.8, S.89-96; deutsch: RID,1956,H.5, Sp.121-130)

Seifulmuljukov,F.(Seifulmuljukow,F.): Die Ursachen der arabisch-israelischen Konflikte.(N.Zeit,1956,H.5, S.30-32)

Selektor,M.Z.(Selektor,M.S.): Über die objektiven Grundlagen der Friedenspolitik der UdSSR. (Vopr.fil.,1955,H.6, S.31-44)

Shurkin,W.: Indien,eine Großmacht. (N.Zeit,1956,H.5, S.6-9)

Starko,G.: USA-Pläne in Südvietnam.(N.Zeit,1956,H.4, S.7-9)

10.Vollsitzung der Volkskammer der DDR. Bericht des Ministerpräsidenten Grotewohl über die Ostasienreise. (6.-30.Dez.1955) (ddz,1956,H.112, Sp.8893-89o3)

Potočný, M.: Zehn Jahre Versuche einer Revision des Prinzips der Einstimmigkeit im Sicherheitsrat. (Sov.věda,1955,H.6, S.500-510; deutsch: RID,1956,H.5, Sp.142-151)

Tunkin,G.I.: Über einige Fragen des internationalen Vertrages in Verbindung mit dem Warschauer Vertrag. (Sov.gos.pravo,1956,H.1, S.98-104)

Freundschaftsvertrag zwischen der UdSSR und dem Königreich Jemen (Vom 31.Okt.1955). (Mezd.zizn,1955,H.12, S.141-143)

Diplomatische Beziehungen UdSSR-Westdeutschland. (ddz,1956,H.111, Sp.8816-8819)

Die große Freundschaft großer Völker. (UdSSR - China).(N.Zeit,1956, H.7, S.3-4)

Usenko,E.: Die völkerrechtliche Bedeutung des Dekrets über den Frieden. (Mezd.zizn,1955,H.11, S.75-82)

Varga,E.: Der Atlantikblock,wie er leibt und lebt. (N.Zeit,1956, H.6, S.4-8)

Vasil'ev,K.(Wasiljew,K.): Die sowjetisch-indische Freundschaft - ein wichtiger Faktor der Festigung des Friedens. (Mezd.zizn,1955, H.11, S.28-36)

Gemeinsame Deklaration der Teilnehmerstaaten des Warschauer Vertrages über Freundschaft,Zusammenarbeit und gegenseitigen Beistand. (28.Jan.1956) (N.Zeit,1956,H.6, S.33-36)

6.Staatsrecht

Ádám, A.: Einige Merkmale der Staatsordnung der Indischen Republik. (Állam és Igazg.,1955,H.11, S.664-674)

Adenauer strebt Alleinherrschaft in Westdeutschland an. (ddz,1956, H.111, Sp.8818-8831)

Arlt,R.: Der bauernfeindliche Charakter der westdeutschen Bodenreform- und Siedlungsgesetzgebung. (St R,1956,H.1, S.63-77)

Bajtin, M.I.: Die Rechtsentwicklung in den europäischen Ländern der Volksdemokratie.(Sov.gos.pravo,1956,H.1, S.28-38) 2

Bittel,K.: Wie das zukünftige einheitliche Deutschland aussehen soll. (ddz,1956,H.109, Sp.8602-8605)

Die Bonner Koalitionskrise FDP-CDU. (ddz,1956,H.110, Sp.8733-8744)

Braun,H.: Zum Bonner Söldnergesetz. (Arb.,1956,H.2, S.1o9-114)

Brill,E.: Die Koalition, die keine mehr ist (FDP-CDU).(Weltb.,1955, H.50, S.1573-1577)

Čepyžev,J.(Tschepishew,J.): Der Staatsaufbau der Föderativen Volksrepublik Jugoslawien. (Mezd.zizn,1955,H.11, S.97-105)

Elton,J.: Eine internationale Juristenkommission untersuchte das Verbotsverfahren gegen die Kommunistische Partei Deutschlands. (NJ,1956,H.2, S 50-51)

Über die Möglichkeit freier Wahlen in Westdeutschland. (ddz 1956, H.109, Sp.8661-8668)

Von der "Freiheit der Meinungsäußerung" in Westdeutschland.(ddz, 1956,H.109, Sp.8669-8676)

Funder,W.: Entwicklung und Charakter des Bundes der Heimatvertriebenen und Entrechteten (BHE). (Nat.,1955,H.12, S.864-878)

Gál,T.: Rechtsfragen der zentralen staatlichen Kontrolle. (Állam és Igazg.,1955,H.10, S.584-597)

Grotewohl,O.: Wilhelm Pieck, der erste Präsident des Arbeiter-und Bauern-Staates. (Einh.,1956,H.1, S.7-10)

Jegorov,Ja. (Jegorow,Ja.): Die Verfassung der Föderativen Volksrepublik Jugoslawiens. (Sov.gos.pravo,1956,H.1, S.105-115)

Indiens Fünfjahrpläne - Schritte zur Festigung der politischen und wirtschaftlichen Unabhängigkeit.(Wirtsch.Wiss.,1956,H.4, S. 134-135)

Juch,F.: Die Sowjetarmee als Vorbild der Nationalen Volksarmee und der Kampfgruppen.(N.Weg,1956,H.3, S.139-143)

Internationale Juristenkommission verurteilt KPD-Verbotsprozeß. (ddz,1956,H.109, Sp.8653-8660)

Kreter,H.: Sache des Rechts und der patriotischen Pflicht.(Schaffung einer Volksarmee)(Nat.,1956,H.2, S.102-104)

Das militärische Kriegspotential Westdeutschlands. (ddz,1956,H.111, Sp.8851-8864)

Der Stand der Landwirtschaft und die Lage der werktätigen Bauern in Westdeutschland. (Ber.Dt.Wirtsch.Inst.,1955,H.23/24,S.3-36)

Leber,G.: Über den "unpolitischen Staatsdiener". (Nat.,1956,H.1, S.51-62)

Manohin,V.M.(Manohin,W.M.): Über die rechtliche Lage der Dorfsowjets der Deputierten der Werktätigen.(Sov.gos.pravo,1956,H.1, S.116-119)

Munschke,E.: Über die Nationale Volksarmee der Deutschen Demokratischen Republik. (Einh.,1956,H.2, S.106-110)

Muszkat, M.: Das westdeutsche Gesetz über die Entschädigung für Opfer des Naziregimes. (N.P.,1956,H.1, S.83-91)

Nathan,H.: Die Gesetzgebung der Deutschen Demokratischen Republik. (4.Quartal 1955) (NJ,1956,H.5, S.145-150)

Programmerklärung der Nationalen Front des demokratischen Deutschland. (Nat.,1955,H.12, S.813-821)

National-Demokratische Partei Deutschlands (NDPD). Der 6.Parteitag. (Reden und Beschlüsse) (Nat.,1955,Sonderheft, S.5-93)

Schaffung einer Nationalen Volksarmee. (ddz,1956,H.112, Sp.8903-8922)

Osnovin,V.S. (Osnowin,W.S.): Das Recht auf Interpellation der Deputierten der örtlichen Sowjets. (Sov.gos.pravo,1956,H.1, S.39-45) 7

Entwurf des ZK der KPdSU.Richtlinien des 20.Parteitags der KPdSU für den 6. Fünfjahrplan zur Entwicklung der Volkswirtschaft der UdSSR 1956-1960. (N.Zeit,1956,H.5,(Beil.) S.3-40)

Pikler,K.: Otto Koellreuter: Deutsches Staatsrecht. Stuttgart,Köln 1953.(Rez.)(Állam és Igazg.,1955,H.12, S.749-755)

Reimann,M.: Das Einschwenken der rechten SPD-Führer auf die Militarisierungspolitik. (Einh.,1956,H.2, S.154-162)

Richter,M.: Albanien auf dem Weg zum Sozialismus. (N.Weg,1956, H.2, S.115-119)

Rössler,H.: Die "bundeseigenen" Unternehmen und einige Hintergründe ihrer "Reprivatisierung". (DFW,1956,H.2, S.79-82)

Volksbefragung und Landtagswahlen im Saargebiet.(ddz,1956,H.110, Sp.8709-8732)

Sawicki,J.: Die Rückkehr des Direktoriums des IG-Farben-Konzerns. (N.P.,1956,H.1, S.92-98)

Schaefer,H.: Die sowjetische Politik der kollektiven Sicherheit in Europa. (Nat.,1956,H.2, S.105-118)

Schnitzler,K.E.von: Die Nationale Volksarmee.(Aufb.,1956, H.2, S.97-102)

Sindermann,H.: Unsere Volksarmee und der Geist von Genf. (Vpol., 1956,H.4, S.4)

Stoph,W.: Die Armee der Arbeiter-und-Bauern-Macht. (Nat.,1956,H.2, S.88-96)

Su Sin: Die wissenschaftlichen Grundlagen der Planung der Volkswirtschaft Chinas. (Sov.Wiss.GA,1956,H.2, S.174-182) 7

Szorokin,V.D.;J.E.Smelev: Kollektive und nichtkollektive Leitung in der Arbeit des sowjetischen Staatsapparates. (Állam és Igazg., 1955,H.12, S.738-744)

Terror und Verfolgung in Westdeutschland.Die Kampagne gegen die KPD, der Anschlag der rechten DGB-Führer auf die Rechte der Arbeiter. (ddz,1956,H.112,Sp.8923-8930) 10

Toldi,F.: Die Bedeutung der Vollzugsausschüsse der Räte im System der Staatsorgane. (Állam és Igazg.,1955,H.10, S.598-610) 7

Ulbricht,W.: Zum 80.Geburtstag von Wilhelm Pieck,dem Präsidenten der Deutschen Demokratischen Republik. (Einh.,1956,H.1, S.1-10

Weidauer,W.: Die neue Lage und die Aufgaben in der gesamtdeutschen Arbeit. (Dem.Aufb.,1956,H.2, S.4o-41)

Winzer,O.: Der Arbeiterführer Wilhelm Pieck als Präsident. (Einh., 1956,H.1, S.22-28)

7.Verwaltungsrecht

Angelov,A.S.(Angelow,A.S.): Zur Frage des rechtlichen Charakters und des Anwendungsbereiches des Protestes des Staatsanwalts auf dem Gebiet der Allgemeinen Aufsicht. (Soc.pravo,1955,H.9, S.2-14)

Bei Vorschlägen zur Verbesserung der Arbeitsweise und der Vereinfachung der Struktur die Entwicklung der politischen Massenarbeit beachten. Wertvoller Erfahrungsaustausch zwischen den Bezirken Cottbus und Leipzig. (Dem.Aufb.,1956,H.3, S.55-57)

Beresovskaja,S.(Bereaowskaka,S.): Die Aufsicht der Staatsanwaltschaft in der sowjetischen staatlichen Verwaltung. (St R,1956,H.2, S.154-167)

Bihari,O.: Diskussion über die Allgemeine Aufsicht des Staatsanwalts über die Gesetzlichkeit. (Állam és Igazg.,1955,H.11, S.686-691)

Bischler,T.: Einige Hinweise aus den Beratungen mit der Delegation des Obersten Sowjets der UdSSR zur Arbeit mit den Briefen der Werktätigen. (Dem.Aufb.,1956,H.3, S.5o-51)

Bubik,A.: Eingaben und Beschwerden - und die Bestimmungen der Art. 177-182 und 372-374 Poln.ZPO. (N.P.,1956,H.1, S.112-114)

Die Delegation des Obersten Sowjets berichtete über die Ergebnisse und Eindrücke ihrer Reise durch die Deutsche Demokratische Republik.(Dem.Aufb.,1956,H.2, S.28-30)

Elekes,I.: Einige Fragen der Ausarbeitung des Planes für die Gemeindepolitik und dessen Durchführung. (Állam és Igazg.,1955,H.12, S.698-7o9)

Feiler,G.: Die Aufgaben der Staatsanwälte bei Untersuchungen im Aufsichtsverfahren und deren Bedeutung für die Mitwirkung im Zivil- und im Arbeitsrechtsstreit. (NJ,1956,H.5, S.129-132) 14,17

Feix,G.;J.Leymann:Die Bedeutung der Beschlüsse der örtlichen Organe der Staatsgewalt auf dem Gebiet der Landwirtschaft. (Dem.Aufb.,1956,H.4, S.8o-83) 9

Flemming,C.;K.Elssner.:Zur Arbeit der ständigen Kommission für örtliche Volkspolizei und Justiz beim Bezirkstag Dresden.(NJ,1956, H.2, S.58-59)

Erfolge und Schwächen in der gesamtdeutschen Arbeit. (Dem.Aufb., 1956,H.3,(Beil.) S.5-7)

Hiecke,J.: Rechtsgrundlagen für die erhöhte Verantwortlichkeit der örtlichen Organe des Staates ausarbeiten. (Dem.Aufb.,1956, H.4, S.79-80)

Jastrzębski,L.: Über verschiedene Fragen der verwaltungsstrafrechtlichen Rechtsprechung. (N.P.,1956,H.1, S.99-101) 1o

Jurisch,G.: Einen besseren Überblick über die Rechtsstellung der staatlichen Organe in den Gemeinden schaffen. (Dem.Aufb.,1956, H.4, S.78-79)

Kastanaev,H.;N.Levinson (Kastanajew,H.; N.Lewinson): Die Mittel zur Vervollkommnung des Verwaltungsapparates in der Industrie. (Kommunist,1956,H.1, S.7o-82)

Kutschke,A.: Eingaben und Beschwerden der Bürger - Hinweise für die Verbesserung unserer Arbeit. (NJ,1956,H.2, S.41-44)

Lange.F.: Die gesamte Bevölkerung muß mitarbeiten! (Zs.Jug.Heimerz., 1955, H.12, S.6-13)

Lehnert,I.: Die Hauptaufgaben der Wohnraumlenkung nach der neuen Verordnung vom 22.Dez.1955. (A.u.S.,1956,H.3, S.68-7o)

Leichtfuß,H.: Bericht über eine gemeinsame Tagung der Generalstaatsanwaltschaft und der Abteilung Staats- und Verwaltungsrecht des Deutschen Instituts für Rechtswissenschaft über Fragen der Allgemeinen Aufsicht der Staatsanwaltschaft. (St R,1956,H.2, S.266-272)

Luhin,E.: Die Rolle des Rechts bei der Entwicklung und Festigung der örtlichen volkseigenen Industrie. (Dem.Aufb.,1956, H.4, S.84-85)

Luzsin,A.V.: Die Stadtsowjets der Deputierten der Werktätigen und ihre Vollzugsorgane und die mit deren Tätigkeit verbundenen grundlegenden organisatorischen Fragen. (Állam és Igazg.,1955,H.11, S.675-680)

Mirski,M.;E.Pelwoska: Man muß bis zu der Quelle vordringen, aus der die Beschwerde kommt. (Nowe Drogi,1956,H.1, S.37-50)

Nagy,T.: Probleme des Wohnungswesens und der Wohnungsverwaltung (Wohnungsämter).(Állam és Igazg.,1955,H.12, S.71o-721)

Neumann,K.: Die neuen Rechtsnormen in der örtlichen Wirtschaft mehr beachten. (Dem.Aufb.,1956,H.4, S.83-84)

Névai,L.: Die Grundlagen der Allgemeinen Aufsicht des Staatsanwalts. (J.K.,1955,H.12, S.714-738)

Petrov,G.I.(Petrow,G.I.): Einige Fragen der leitenden Tätigkeit der Exekutivkomitees der örtlichen Sowjets(auf der Grundlage von Material aus dem Leningrader Gebiet).(Sov.gos.pravo,1955,H.8, S.23-32;deutsch: RID,1956,H.4, Sp.11o-12o)

Pinner,H.;W.Schuchert: Die neue Verordnung über die Lenkung des Wohnraumes. (NJ,1956,H.3, S.72-73) 14

Pólay,E.: Zur Frage der juristischen Ausbildung der Räte. (Állam és Igazg.,1955,H.11, S.651-663)

Pozsonyi,I.: Einige grundlegende Fragen der Organisationsarbeit der Bezirksvollzugsausschüsse in Verbindung mit der Durchführung der Juni-Beschlüsse der Partei. (Állam és Igazg.,1955,H.11, S.629-639)

Die Organisation und Tätigkeit der Rechtsämter in der Rumänischen Volksrepublik. (Állam és Igazg.,1955,H.11, S.681-682)

Richter,M.: Warum werden in den Städten Plauen, Gera,Potsdam und Schwerin die Räte der Stadtbezirke aufgehoben? (Dem.Aufb., 1956,H.4, S.88-90)

Seidel,G.: Zu einigen Fragen der Produktionsplanung in der Landwirtschaft. (Wirtsch.Wiss.,1955,H.6, S.820-831) 9

Slatopolski,D.L.: Die Volksräte in Bulgarien. (Dem.Aufb.,1956, H.4, S.91-93)

Sorgenicht,C.: Entfaltet die demokratische Arbeit mit den Werktätigen. (Dem.Aufb.,1956,H.2, S.26-27)

Šorina, E.V.(Schorina,E.W.): Das Prinzip der Sparsamkeit des sowjetischen Staatsapparates ist eines der Hauptprinzipien seiner Organisation und Tätigkeit. (Sov.gos.pravo,1955,H.8, S.13-23; deutsch: RID,1956,H.4, Sp.99-110)

Bedeutung und Aufgaben der regionalen Dienststellen der Staatlichen Zentralverwaltung für Statistik. (Stat.Prax.,1956,H.2, S.13-14)

Zur Arbeit der Ständigen Kommissionen und ihrer Aktivs. (Dem.Aufb., 1956,H.4, S.86-87)

Starosćiak,J.: Grundlagen der Kodifizierung des Verwaltungsverfahrens in der ČSR. (N.P.,1956,H.1, S.70-73)

Takács,I.: Sitzungen des Rates über die Arbeit seiner Mitglieder. (Állam és Igazg.,1955,H.11, S.640-650)

Turčáni,J.: Die rechtliche Regelung der Verwaltung von Volkseigentum,das Haushaltsorganisationen anvertraut wurde. (Pr.obz.,1955, H.10, S.577-600) 8

Vojtinovič,A. (Wojtinowitsch,A.): Die Proteste im Wege der Aufsicht in der Gesetzgebung der Rumänischen Volksrepublik.(Sov.gos. pravo,1956,H.1, S.127-130)

Wittkopf,E.: Die Aufgaben des Staatsanwalts in der Deutschen Demokratischen Republik. (Schöffe,1956,H.2, S.40-47) 12

Woytt,F.: Zu einigen Fragen der Leitung der Wirtschaft durch den Staat. (St R,1956,H.2, S.185-198)

Zielke,G.: Vereinfachung unseres Staatsapparates entspricht dem Willen der Werktätigen. (Dem.Aufb.,1956,H.2, S.35-38)

8. Finanzrecht

Die Bank deutscher Länder im Dienste der Monopole. (Teil 1) (DFW, 1956, H.4, S.166-167)

Dewey, Ch.: Bankkontrolle erzieht zur strengsten Sparsamkeit und Plandisziplin. (N.Weg, 1956, H.2, S.100-107)

Die Aufgaben und Maßnahmen zur weiteren Verbesserung der Arbeit der Finanzorgane und der Kreditanstalten der Deutschen Demokratischen Republik. (DFW, 1956, H.4, S.137-144)

Mehr Rechte und größere Verantwortung den örtlichen Finanzorganen. (DFW, 1956, H.2, S.45)

Die Grundzüge der Übergangsperiode vom Kapitalismus zum Sozialismus in der DDR und die Rolle der Finanz- und Kreditorgane. (DFW, 1956, H.3, S.124-125; H.4, S.168-169)

Veränderungen der Investgesetzgebung in der Sowjetunion. (DFW, 1956, H.2, S.76-79; H.4, S.163-165)

Die Entwicklung der Kapitalanlagen der USA im Ausland. (Ber.Dt. Wirtsch.Inst., 1955, H.19/20, S.1-35)

Kolloch, K.: Die Rolle der Kreditanstalt für Wiederaufbau bei der Einschleusung amerikanischen Kapitals in die westdeutsche Wirtschaft. (DFW, 1956, H.1, S.34-36)

Kuckhoff, G.: Der Kampf um die Durchsetzung der neuen Kreditierungsmethoden und ihre Hilfe für die Wirtschaft der DDR. (DFW, 1956, H.1, S.2-10)

Lemnitz, A.: Die marxistische Lehre vom Preis und die Preispolitik der Deutschen Demokratischen Republik. (Wirtsch.Wiss., 1956, H.1, S.91-115)

Pilz, W.: Steuervergünstigungen für Neuanschaffungen und Generalreparaturen in der privaten Wirtschaft nur bei volkswirtschaftlicher Notwendigkeit. (DFW, 1956, H.1, S.13-14)

Rösner, H.: Feste Darlehnsfristen im Rechnungseinzugsverfahren. (DFW, 1956, H.4, S.151-153)

Seidel, K.; H.Böttcher; H.Brendel: Neue Wege und Methoden der ökonomischen Analyse des Staatshaushaltes. (DFW, 1955, H.24, S.1059-1061; 1956, H.1, S.10-11; H.2, S.47-52; H.3, S.100-102; H.4, S.157-158)

Zander, N.: Der ökonomische Inhalt und die Bedeutung der Produktionsabgabe in der DDR. (DFW, 1956, H.3, S.90-92)

9. Kolchosrecht, Bodenrecht, Landwirtschaftliche Produktionsgenossenschaften

Friedrich, H.: Die 4. Konferenz der Vorsitzenden und Aktivisten der Landwirtschaftlichen Produktionsgenossenschaften. (Wirtsch.Wiss., 1956, H.1, S.152-156)

Haber,W.;G.Feiler: Zu einigen Fragen des LPG-, Zivil- und Arbeitsrechts. Bericht über eine Arbeitstagung bei der Obersten Staatsanwaltschaft. (NJ,1956,H,5, S.139-142) 14,17

Hähnert,R.;W.Poeggel: Einige Fragen des Eigentums in den Landwirtschaftlichen Produktionsgenossenschaften.(St R,1956,H.1, S.32-51)

Heuer,K.: Ein Grundriß des Rechts der Landwirtschaftlichen Produktionsgenossenschaften. Arlt,Fragen des Rechts der Landwirtschaftlichen Produktionsgenossenschaften in der Deutschen Demokratischen Republik.Berlin 1955.(Rez.)(NJ,1956,H.5, S.132-135)

Hintze,K.: Zur Behandlung von Streitigkeiten auf dem Gebiet des LPG-Rechts.(NJ,1956,H.2, S.57-58)

Krusche,H.;H.Schuster: Fragen der Leitung der LPG durch die örtlichen Organe des Staates. (Dem.Aufb.,1956,H.4, S.74-78) 7

Kulaszewski,W.: Die Bedeutung der Rechtsprechung für die Festigung der Landwirtschaftlichen Produktionsgenossenschaften. (NJ,1956,H.5, S.135-136)

Die 4.LPG-Konferenz in Leipzig. (ddz,1956,H.110, Sp.8701-8708) 7

Mellentin,F.: Zu einigen Fragen der 4. LPG-Konferenz.(Einh.,1956, H.2, S.119-125) 7

Merinov,I.(Merinow,I.): Über die Methoden der Berechnung der Arbeitsproduktivität in der Landwirtschaft.(Vopr.ekon.,1956,H.2, S.101-113)

Obolenskij,K.: Einige Fragen der Festigung der Wirtschaft in den Kolchosen und die Analyse ihrer wirtschaftlichen Tätigkeit. (Vopr.ekon.,1956,H.2, S.80-94)

Pankratov,I.F.(Pankratow,I.F.): Die rechtliche Lage der leitenden Kader in den Kolchosen. (Sov.gos.pravo,1956,H.1, S.67-75)

Posch,M.: Eine grundlegende Arbeit über das Recht der Landwirtschaftlichen Produktionsgenossenschaften. R.Arlt, Fragen des Rechts der Landwirtschaftlichen Produktionsgenossenschaften in der Deutschen Demokratischen Republik. Berlin 1955.(Rez.)(St R,1956, H.2, S.232-245)

Das Produktionsgenossenschaftswesen in Polen.(Nowe Drogi,1956, H.2, S.99-103)

Renneberg,B.: Bericht über die Arbeitstagung der Abteilung Zivilrecht des Deutschen Instituts für Rechtswissenschaft vom 12.Jan. 1956 über Fragen des Rechts der Landwirtschaftlichen Produktionsgenossenschaften. (St R,1956,H.2, S.246-253)

Rosenau,G.: Ein Diskussionsbeitrag zum Recht der Landwirtschaftlichen Produktionsgenossenschaften.(St R,1956,H.1, S.52-62)

Slowik,Z.;J.Rygliszyn: Fragen des Produktionsgenossenschaftswesens vor den Bezirksparteikonferenzen.(Nowe Drogi,1956,H.2, S.67-76)

Tadžer,V.E.(Tadsher,W.E.): Das Musterstatut des landwirtschaftlichen Artels als Normativakt. (Soc.pravo,1956,H.8, S.21-33)

Werner,P.: Aufgaben des Staatsanwalts bei der Festigung der Landwirtschaftlichen Produktionsgenossenschaften.(NJ,1956,H.5, S.137-139)

lo.Strafrecht,Strafprozeß

Alekseev,N.S.(Alexejew,N.S.): Einige Fragen des Allgemeinen Teils des Strafrechts im Zusammenhang mit der Ausarbeitung des Entwurfs eines Strafgesetzbuches der UdSSR. (St R,1956,H.2, S.166-184)

Barna,P.: Die Unterlassung der Anzeige. (J.K.,1955,H.12, S.758-766)

Bein,H.: Die Errichtung von Straßensperren - eine gesellschaftsgefährliche Straftat. (Vpol.,1956,H.4, S.16-17)

Benjamin,H.: Die Weiterentwicklung unserer Gesetzgebung.(NJ,1956, H.4, S.97-99) 2

Bényey,Z.: Begriff und Regelung der Gesellschaftsgefährlichkeit de lege ferenda. (J.K.,1955,H.11, S.649-667) 2

Davydov,I.D.(Dawidow,I.D.): Zu einigen Fragen des sowjetischen Strafprozesses im Zusammenhang mit der Ausarbeitung eines Entwurfs der Strafprozeßordnung der UdSSR.(Sov.gos.pravo,1954,H.3, S.76-88; deutsch: RID,1956,H.2, Sp.33-47)

Durmanov,N.D.(Durmanow,N.D.): Der Begriff der Körperverletzung im sowjetischen Strafrecht.(Sov.gos.pravo,1956,H.1, S.83-90)

Földvári,J.: Die Aufgaben beim strafrechtlichen Schutz der Produktionsgenossenschaften.(Állam és Igazg.,1955,H.12,S.722-732)

Gertig,B.: Die Deutsche Demokratische Republik - eine Hölle für Agenten und Spione.(Vpol.,1956,H.4, S.20-22)

Grodsinski,M.M.: Die Festigung der sozialistischen Gesetzlichkeit und Fragen des sowjetischen Strafprozesses.(Sov.gos.pravo,1955, H.3, S.89-97; deutsch: RID,1956,H.2, S.47-55) 2

Hugot,H.: Schützt das gesellschaftliche Eigentum.(Schöffe,1956, H.2, S.33-37)

Jahn,G.: Zu einigen Fragen des Tatbestandes der Diversion und Sabotage.(St R,1956,H.1, S.78-92)

Ihle,H.: Das Urteil in Strafsachen.(Schöffe,1956,H.1, S.12-16)

Kadari,H.H.: Die bedingte Verurteilung im sowjetischen Strafrecht.(Sov.gos.pravo,1956,H.1, S.76-82)

Kermann,E.: Fragen der Anwendung des Volkseigentumschutzgesetzes (VESchG) und der Wirtschaftsstrafverordnung (WStVO) (NJ,1956, H.4, S.120)

Kiseniŝskij,M.M.(Kisenischskij,M.M.): P.T.Nekipelew, Das sowjetische Strafgesetz im Kampf gegen die Entwendung sozialistischen Eigentums. (Rez.) (Sov.gos.pravo,1956,H.1, S.152-154)

Leonhardt: Was bei polizeilichen Eingriffen in das persönliche Eigentum von Bürgern zu beachten ist.(Vpol.,1956,H.2,S.14-15)

Löwenthal,H.: Zur Anwendung der Gerichtskritik.(NJ,1956,H.4, S.1o6-1o7)

Meier,F.: Mehr Sorgfalt bei der Bearbeitung von Verkehrsdelikten. (Vpol.,1956,H.4, S.11-13)

Merz,E.: L.Lernell, Der Schutz des gesellschaftlichen Eigentums im Strafrecht.(Rez.) Bd 1,Warschau 1954.(N.P.,1956,H.1,S.115-117)

Miŝunin,P.G.(Mischunin,P.G.): Die Verantwortlichkeit wegen vorsätzlicher schwerer Körperverletzung im sowjetischen Strafrecht. (Sov.gos.pravo,1956,H.1, S.91-97)

Opěla,V.;E.Wagner: Die Entscheidungen der Gerichte in Strafsachen. (Soudce z lidu,1956,H.1, S.6-1o)

Pawela,S.:Einige Bemerkungen zu der Frage des Rowdytums.(N.P.,1955, H.7/8, S.129-132; deutsch: RID,1956,H.3, Sp.83-88)

Pawelczynska, A.: Gruppen jugendlicher Verbrecher.(N.P.,1956,H.1, S.23-40)

Poláček,F.: Der bedingte Vorsatz im tschechoslowakischen Strafrecht. (Pr.obz.,1955,H.1o, S.600-613)

Potepa,J.: Die Gesellschaftsgefährlichkeit und die Rechtswidrigkeit der Handlung als Bestandteile des Verbrechens im Sinne des Entwurfs des Strafgesetzbuches der Volksrepublik Polen.(N.P.,1955, H.7/8, S.52-56; deutsch: RID,1956,H.3, Sp.65-70)

Raŝkovskaja,Ŝ.S. (Raschkowskaja,Sch.S.): Zur Frage des Grades der Schuld. (Sov.gos.pravo,1955,H.6, S.58-65; deutsch: RID,1956,H.3, Sp.7o-78)

Rebentisch,H.: Einige Bemerkungen zur Verbrechensbekämpfung in unseren volkseigenen Betrieben. (Vpol.,1956,H.4, S.18-19)

Renneberg,J.: Bericht über einen Qualifitierungslehrgang für wissenschaftliche Kader auf dem Gebiete des Strafrechts.(St R,1956, H.1, S.99-1o6)

Richter,W.: Der Rias - eine Agentenzentrale des US-Geheimdienstes. (Vpol.,1956,H.4, S.22-23)

Schindler,R.: Das strafprozessuale Beweisverfahren in der gerichtlichen Hauptverhandlung zweiter Instanz. (St R,1956,H.2, S.199-21o)

Schumann,K.: Zum Begriff des Fortsetzungszusammenhanges und der Gruppe im Volkseigentumschutzgesetz (VESchG).(NJ,1956,H.4,S.119)

Spione und Agenten erhalten ihre gerechte Strafe! Urteil des Obersten Gerichts vom 27.Januar 1956- 1 Zst(I)1/56-in der Strafsache gegen Held u.a.(NJ,1956,H.4, S.99-1o3)

Tenner,H.: Das Abgabenstrafrecht in der Deutschen Demokratischen Republik. Berlin 1955.(Rez.).(St R,1956,H.1, S.116-125)
8

Urakov,L.I.(Urakow,L.I.): A.A.Piontkowski, Fragen des allgemeinen Teils des Strafrechts in der Praxis der Gerichts- und Staatsanwaltsorgane.(Rez.).(Sov.gos.pravo,1956,H.1, S.148-151)

Vapcarov,D.(Wapzarow,D.): Über die Frage der Schuld und der Ursachen der strafrechtlichen Verantwortlichkeit.(Soc.pravo,1955, H.8, S.5-20)

Vladimirov,V.A.(Wladimirow,W.A.): Die verbrecherische Nachlässigkeit als Form der Schuld nach dem sowjetischen Strafrecht. (Sov.gos.pravo,1955,H.5, S.98-103; deutsch: RID,1956,H.3, Sp.78-83)

Vylkov,I.V.(Wylkow,I.W.): Das Problem des Irrtums im Strafrecht. (Soc.pravo,1955,H.9, S.24-36)

Waszczynski,J.: Die Beweisaufnahme vor dem Wojewodschaftsgericht als der Revisionsinstanz nach der Strafprozeßordnung.(N.P.,1956, H.1, S.57-69)

Weidlich,H.;G.Löbe: Den Kampf gegen das Verbrechen verstärken. Einige Schlußfolgerungen aus der Konferenz der Richter und Staatsanwälte in Leipzig.(Vpol.,1956,H.2, S.11-13)

11.Kriminalistik,gerichtliche Medizin

Keine Eingänge

12.Gerichtsverfassung(einschließlich Notariat und Anwaltschaft

Bafia,J.: Die Rolle der Gerichte im Kampf gegen Verstöße im Apparat der Verwaltung und der Wirtschaft.(N.P.,1956,H.1, S.102-104)

Bojm,L.: Der Platz und die Rolle des Gerichts im System der staatlichen Organe der Volksrepublik Polen.(N.P.,1956,H.1,S.3-22)

Herrland,H.: Zur Auswertung der Gerichtsstatistik.(NJ,1956,H.2, S.37-41)
10

Bericht über eine Arbeitstagung zu Fragen der Instruktion und Revision.(NJ.1956,H.4, S.104-106)

Kausch,H.: Zur Urkundstätigkeit der Staatlichen Notariate. (NJ,1956,H.4, S.122-123)

Köhler,F.: Fünfzig Jahre Kampf für Arbeiterschöffen.Zum 80.Geburtstag Wilhelm Piecks.(Schöffe,1956,H.1, S.1-4)

Über die Schöffenkonferenzen.(Schöffe,1956,H.1,S.7-11)

Schröder,H.: Schöneburg, Die Zersetzung der richterlichen Unabhängigkeit unter dem Adenauer-Regime.Berlin 1955. (Rez.) (St R,1956,H.1, S.125-132)

Veličkov,S.(Welitschkow,S.): Die Gerichtsbeisitzer und die Arbeit mit ihnen.(Soc.pravo,1955,H.9, S.36-42)

Woner,T.: Die Praxis der kollektiven Anwaltstätigkeit.(N.P.,1956, H.1, S.74-82)

13.Vertragssystem,Arbitrage

Braginskij,M.J.;M.Ja.Bjalik: Transit-Warenlieferungen.(Sov.gos. pravo,1956,H.1, S.57-66)

Grüttner,H.: Noch einmal: Investionsplanung und Vertragssystem. (St R,1956,H.1, S.93-98)

Hauser,G.: Grundsätzliches zum Entwurf der VO über das Vertragssystem in der sozialistischen Wirtschaft.(NJ,1956,H.3, S.68-71)

Hemmerling,J.: Zu einigen Fragen des ökonomischen Zwecks und der weiteren Entwicklung des Vertragssystems.(St R,1956,H.1,S.11-31)

Jefimočkin,V.P.(Jefimotschkin,W.P.): Das Neue in den wichtigsten Lieferbedingungen.(Sov.gos.pravo,1956,H.1, S.119-125)

Kemenes,B.: Prinzipielle Kodifikationsfragen der Verantwortlichkeit für den Vertragsbruch.(J.K.,1955,H.12, S.738-757)

Nikolov,A.(Nikolow,A.): Die vorvertragliche Arbitrage.(Soc.pravo, 1955,H.9, S.14-23)

Nikolov.(Nikolow.): Die Entwicklung der staatlichen Arbitrage. (Soc.pravo,1955,H.8, S.1-4)

Pflicke,G.: Die vorvertraglichen Pflichten der Partner, die Fristen für den Vertragsabschluß und das Verfahren bei Vertragsabschluß nach dem Entwurf der Vertragsverordnung.(NJ,1956,H.4, S.113-119)

14.Zivilrecht,Zivilprozeß

Artzt,W.: Zur Rolle des Zivilrechts beim Aufbau des Sozialismus in der Deutschen Demokratischen Republik.(NJ,1956,H.3, S.65-67)

Cerný,V.;Z.Kratochvil: Einige Fragen der gerichtlichen Aufsicht der Staatsanwaltschaft in Zivilsachen.(Soc.zák.,1955,H.10, S.592-605)

Christov,N.(Christow,N.): Die Verjährung bei der Feststellung der Vaterschaft.(Soc.pravo,1955,H.8, S.53-57)

Dillhöfer,G.: Das Verfahren in Ehesachen.(NJ,1956,H.4, S.107-110)

15

Dornberger,G.: Zum Gesetz über den Verkauf volkseigener Eigenheime und Siedlungshäuser.(NJ,1956,H.5, S.142-145)

Droggan,G.: Der Ausstellungsschutz - Eine Betrachtung zur Leipziger Frühjahrsmesse.(DaV,1956,H.4, S.85-87)

Droggan, G.: Neuheit als Voraussetzung der Patentfähigkeit. (EuV, 1956, H.3, S.62-65)

Fabrik- und Handelsmarken in Portugal. (EuV, 1956, H.3, S.66-67)

Gašpar, M.: Die Zwangsvollstreckung auf dem Verwaltungswege in Forderungen, die nicht Geld sind. (Pr.obz., 1955, H.10, S.613-621) 7

Gemrich, J.: Die Neuregelung der Beitreibung von Forderungen zum Unterhalt minderjähriger Kinder. (Soc.zák., 1955, H.10, S.605-613) 15

Gemrich, J.: Die Zwangsvollstreckung in das Gehalt und die beschleunigte Beitreibung von Forderungen zur Deckung der persönlichen Bedürfnisse minderjähriger Kinder. (Soudce z lidu, 1956, H.1, S.3-6) 15

Gindorf, J.: Hinweise zur Verbesserung der Arbeit auf dem Gebiet des Zivilrechts. (NJ, 1956, H.3, S.90)

Götze, R.: Was der Werkleiter vom Warenzeichen wissen muß. (EuV, 1956, H.3, S.60-61)

Grzybowski, M.: Rückerstattbare Ansprüche im Alimentationsrecht und die Frage der Nichtübertragbarkeit von Unterhaltsansprüchen. (N.P., 1956, H.1, S.41-56) 15

Hegyháti, I.: Erbrechtliche Auswirkungen der Adoption. (J.K., 1955, H.11, S.698-706)

Hrdlićka, J.: Das Prinzip der materiellen Wahrheit in den Entscheidungen über Nichtigkeitsbeschwerden zur Wahrung des Gesetzes. (Soz.zák., 1955, H.10, S.577-592) 7

Janovski, B. (Janowski, B.): Klagen von Ausländern in Ehesachen vor bulgarischen Gerichten. (Soc.pravo, 1955, H.8, S.33-42) 15

Kantardžiev, A.A. (Kantardshijew, A.A.): Der Liefervertrag - ein neuer Vertragstyp des sozialistischen Zivilrechts. (Soc.pravo, 1955, H.9, S.43-55)

Kellner, H.: Einige Bemerkungen zum prima-facie-Beweis. (NJ, 1956, H.2, S.45-50)

Köppert, W.: Zu einigen Fragen des genossenschaftlichen Eigentums im Handel unter den Bedingungen der Übergangsperiode vom Kapitalismus zum Sozialismus in der Deutschen Demokratischen Republik. (Wirtsch.Wiss., 1955, H.6, S.832-843) 2

Kraft, W.: Wohnraumlenkung und Mietvertrag. (Schöffe, 1956, H.2, S.48-50) 7

Krause, H.-G.: Die Form der Vollmachterteilung bei der Befreiung vom Verbot des Selbstkontrahierens. (NJ, 1956, H.4, S.123-124)

Mosolin, V.P. (Mosolin, W.P.): Über das zivilprozessuale Rechtsverhältnis. (Sov.gos.pravo, 1955, H.6, S.50-57; deutsch: RID, 1956, H.2, Sp.55-64)

Müller,S.;H.Pinner: Zur Entwicklung des Wohnungsmietrechts in Westdeutschland.(NJ,1956,H.2, S.53-56; H.3, S.85-87; H.5, S.150-153)

Nathan,H.: Über die Kosten des Güteverfahrens.(NJ,1956,H.3, S.80-83)

Niethammer,F.;W.Artzt: Die Neuregelung der Zwangsvollstreckung in Westdeutschland.(St R,1956,H.2, S.211-231)

Nizsalovszky,E.: Der Allgemeine Teil des Lehrbuches über das Zivilrecht der Deutschen Demokratischen Republik. Berlin 1954.(Rez.) (J.K.,1955,H.12, S.770-783)

Oehler: Bedeutung und Abfassung eines Testaments.(Schöffe,1956, H.2, S.59-61)

Reimers,W.: Zum Erscheinen des Zivilrechtlehrbuches.Das Zivilrecht der Deutschen Demokratischen Republik, Allgemeiner Teil.Berlin 1955. (Rez.)(NJ,1956,H.3, S.83-84)

Stedrý,M.;B.Smid: Zu den Fragen der Erbschaftsverhandlung bei Bauern, die nicht Mitglieder einer landwirtschaftlichen Einheitsgenossenschaft sind.(Soc.zak.,1955,H.lo, S.615-622) 9

Stepanenko,G.M.;Ju.G.Basin: Die Beschlüsse des Juli-Plenums des ZK der KPdSU und Fragen des sowjetischen Zivilrechts.(Sov.gos. pravo,1956,H.1, S.46-56)

Stolz,W.: Einige Bemerkungen zur Anweisung des Ministeriums für Handel und Versorgung über die Wahrung der Käuferrechte(NJ,1956, H.3, S.78-80)

Sui Di-sin: Die sozialistische Umgestaltung der privaten Industrie und des privaten Handels in China.(Wirtsch.Wiss.,1956,n.1, S.121-128)

Virsík, A.: Der Genossenschaftsbetrieb - eine neue Form der sozialistischen juristischen Person.(Pr.obz.,1955,H.lo, S.621-625)

Wehl,G.: Rechtsnachfolge und Umschreibung von Warenzeichen. (EuV,1956,H.4, S.91-92)

Wolf,R.;D.Wolf: Rechtscharakter und Regelung der Garantie im Liefer- und Kaufvertrag.(NJ,1956,H.3, S.74-77)

Zug,G.: Zu einigen Fragen des Berliner Testaments.(NJ,1956,H.4, S.124)

15.Familienrecht

Chartschew,A.G.: Die Familie in der Sozialistischen Gesellschaft. (Zs.Jug.Heimerz.,1956,H.2, S.44-48)

Dillhöfer,G.;H.Wächtler;H.Fincke: Einige Fragen der neuen Ehe-Verordnung.(NJ,1956,H.3, S.87-90)

Göldner,E.: Zur Verordnung über Eheschließung und Eheauflösung. (Zs.Jug.Heimerz.,1956,H.2, S.48-52)

Görner,K.: Verordnung über Eheschließung und Eheauflösung.(Schöffe, 1956,H.1, S.28-31)

Očkov,V.(Otschkow,W.): Die Rechte und Pflichten der Eheleute bezüglich ihrer gemeinsamen Wohnung bei Auflösung der Ehe. (Soc.pravo,1955,H.8, S.42-53)

Stěpina,J.: Die Neuregelung der Ehescheidungen.(Soudce z lidu,1956, H.1, S.10-11)

16.Internationales Privatrecht

Keine Eingänge

17.Arbeitsrecht (einschließlich Verfahren)

Brus,W.: Zur Frage der materiellen Interessiertheit.(Nowe Drogi, 1955,H.12, S.63-89)

Franke,K.: Die Bezahlung der Verlustzeiten in den volkseigenen Betrieben.(A.u.S.,1956,H.1, S.22-25)

Görner,K.: R.Schlegel, Fragen des Arbeitsrechts. Berlin 1955. (Rez.)(Gew.Akt.,1956,H.3, S.50-52)

Jourdain,H.: Für die 40-Stunden-Woche.(WGBew.,1956,H.2, S.2-4)

Ivanov,S.(Iwanow,S.): Die Streikbewegung in den größten kapitalistischen Ländern nach dem zweiten Weltkrieg.(Vopr.ekon.,1956,H.1, S.66-80)

Karinski,S.S.: Über den Unterschied zwischen der materiellen Verantwortlichkeit nach dem Arbeitsrecht und der zivilrechtlichen Verantwortlichkeit für Schadensverursachung.(Sov.gos.pravo,1955, H.5, S.82-90; deutsch: RID,1956,H.6, Sp.159-168) 14

Kirmse,G.: Über den Rechtsanspruch auf Prämien und die Zulässigkeit des Rechtsweges bei Prämienstreitigkeiten.(A.u.S.,1956,H.2, S.54-56)

Knabe,E.: Zur Kündigung Schwerbeschädigter.(A.u.S.,1956,H.4, S.119-121)

Kranke,R.: Wann kann von der Konfliktkommission eine Entscheidung getroffen werden? Urteil des Obersten Gerichts vom 29.Juli 1955 - 1 Za 91/55 - (mit Anm.)(A.u.S.,1956,H.2, S.56-59)

Diskriminierung in der Beschäftigung und den Löhnen der Frauen, ein Merkmal aller kapitalistischen Länder.(WGBew.,1956,H.2, S.15-16)

Müller,G.: Die rechtliche Stellung der nebenberuflich tätigen Lehrkräfte im Berufsschulwesen.(A.u.S.,1956,H.4, S.121-123)

Mydlik,A.: Die Untersuchungshaft des Arbeitnehmers und die Arbeits- und Lohnansprüche nach dem Gesetz Nr. 154/1934. (Pr.obz.,1955,H.10, S.625-628)

Pletnjov,E.(Pletnjow,E.): Die Streikbewegung in Westeuropa. (N.Zeit,1956,H.9, S.8-11)

Schaum, G.: Die Bedeutung des Arbeitsrechts beim Aufbau der Grundlagen des Sozialismus.(A.u.S.,1956,H.4, S.118)

Schneider,R.: Die Aufgabe des Arbeitsrechts beim sozialistischen Aufbau.(NJ,1956,H.4, S.11o-113)

Schüler,A.: Zum Beitrag von Professor Dr.Thalmann,"Die Anwendung der sowjetischen Erfahrungen auf dem Gebiet des Arbeitslohnes in der DDR".(Wirtsch.Wiss.,1956,H.1, S.116-12o)

Schulz,W.: Einige Fragen der Verzinsung im Zusammenhang mit Schadensersatzklagen(Mankohaftung).(A.u.S.,1956,H.3, S.86-88)

Bekanntgabe der Schwerbeschädigten-Eigenschaft im Betrieb und Kündigung des Arbeitsrechtsverhältnisses. Urteil des Bezirksarbeitsgerichtes Magdeburg vom 15.März 1955 - BA 6/55 -.(mit Anm.) (A.u.S.,1956,H.1, S.26)

Skubich,A.: Die Konfliktkommissionen brauchen bessere Anleitung. (Hdl.,1956,H.1, S.14-15)

Witz,K.;J.Žantovský;B.Roztočil: Die Lohnvergütung bei Arbeitshindernissen.(Soc.zák.,1955,H.5, S.288-3o1; deutsch: RID,1956,H.6, Sp.168-182)

18.Sonstiges

Der Plan der wissenschaftlichen Forschungsarbeiten des Rechtsinstituts der Akademie der Wissenschaften der UdSSR für das Jahr 1956.(Sov.god.pravo,1956,H.1, S.135-137)

Kovács,I.: Die Budapester Sitzung des Büros der Internationalen Vereinigung Demokratischer Juristen.(J.K.,1955,H.12, S.767-769)

Ovčinnikov,N.I.(Owtschinnikow,N.I.): Im Allunionsinstitut der juristischen Wissenschaften.(Sov.gos.pravo,1956,H.1, S.137-139)

Die 4.gesamtpolnische Tagung Polnischer Juristen (Bericht)(Nowe Drogi,1956,H.1, S.98-100)

Über die Arbeit der Zeitschrift "Staat und Recht".(St R,1956,H.2, S.141-153)

Stiller,G.: Bericht über die Leipziger Konferenz der Richter und Staatsanwälte.(St R,1956,H.2, S.254-265)

Streit,J.: Der 4.Kongreß der Vereinigung Polnischer Juristen. (Bericht)(NJ,1956,H.2, S.52-53)

Streit,J.: Neue Methoden zur Popularisierung unseres Rechtes beraten.(Dem.Aufb.,1956,H.3, S.52-55)

B. BIBLIOGRAPHIE AUS ZEITSCHRIFTEN DER DEUTSCHEN BUNDESREPUBLIK

Diese Bibliographie enthält eine Auswahl einschlägiger Artikel aus folgenden Zeitschriften: 1)

AcP	= Archiv für die civilistische Praxis, Tübingen	1955, Bd 154, H.6 1956, Bd 155, H.1
AG	= Der Arbeitgeber, Düsseldorf	1956, H.1-4
ArbuR	= Arbeit und Recht, Köln	1955, H.12 1956, H.1
ASP	= Arbeit und Sozialpolitik, Bonn	1956, H.1
AUSS.POL.	= Außenpolitik, Stuttgart	1955, H.12 1956, H.1-2
	= Der Betrieb, Düsseldorf	1955, H.50 1956, H.1-4
bArbbl.	= Bundesarbeitsblatt, Stuttgart, Köln	1956, H.23 1956, H.1-2
	= Der Betriebs-berater, Heidelberg	1955, H.1-3
DJ	= Die Justiz, Düsseldorf	1955, H.6
DOV	= Die öffentliche Verwaltung, Stuttgart	1955, H.24 1956, H.1-2
DRiZ	= Deutsche Richterzeitung, Köln, Berlin	1956, H.1
DVBl.	= Deutsches Verwaltungsblatt, Köln, Berlin	1955, H.23/24 1956, H.1-2
DWW	= Deutsche Wohnungswirtschaft, Düsseldorf	1955, H.12 1956, H.1
EA	= Europa-Archiv, Frankfurt/Main	1955, H.23/24 1956, H.1-2
FamRZ	= Ehe und Familie im privaten und öffentlichen Recht, Bielefeld	1956, H.2
FR	= Finanz-Rundschau (Deutsches Steuerblatt), Köln	1955, H.24 1956, H.1-3
GAStr	= Goltdamner's Archiv für Strafrecht, Hamburg	1956, H.1-2
Gew.Mon.H.	= Gewerkschaftliche Monatshefte, Köln	1955, H.12 1956, H.1-2
GRUR	= Gewerblicher Rechtsschutz und Urheberrecht, Weinheim	1955, H.12 1956, H.1
Jb.Öff.R.	= Jahrbuch des Öffentlichen Rechts der Gegenwart, Tübingen	1955, Bd.4
Int.Jb.Pol.	= Internationales Jahrbuch der Politik, München,	1955, H.3

JR	= Juristische Rundschau, Berlin	1955,H.11-12
JZ	= Juristenzeitung, Tübingen	1956,H.1-3
MDR	= Monatsschrift für Deutsches Recht,Hamburg	1956,H.1-2
MschrKrim	= Monatsschrift für Kriminologie und Strafrechtsreform, Berlin, Köln	1955,H.5/6
N.Gesellschaft	= Die Neue Gesellschaft, Bielefeld ..	1956,H.1
NJW	= Neue Juristische Rundschau, München,Berlin	1955,H.49-53 1956,H.1-5
Öff.D.	= Der Öffentliche Dienst, Düsseldorf	1955,H.11-12
	Politische Studien - Monatshefte der Hochschule für Politische Wissenschaften,München	1955,H.58-59
Öff.Haush.	= Der öffentliche Haushalt - Archiv für Finanzkontrolle,Göttingen	1955,H.3/4
RdA	= Recht der Arbeit, München,Berlin	1955,H.12 1956,H.1
RdJ	= Recht der Jugend, Berlin	1956,H.1-3
RdL	= Recht der Landwirtschaft, Hamburg	1955,H.10 1956,H.1
RiW	= Recht der internationalen Wirtschaft, Heidelberg	1956,H.1
RLA	= Rundschau für den Lastenausgleich, Hamburg	1955,H.24 1956,H.1-3
SchlHA	= Schleswig-Holsteinische Anzeigen,Kiel ..	1955,H.12 1956,H.1
SCHM.JB.	= Schmollers Jahrbuch für Gesetzgebung, Verwaltung und Volkswirtschaft,Berlin ..	1955,H.6
Sgb.	= Die Sozialgerichtsbarkeit, Wiesbaden ...	1956,H.1
SKV	= Staats- und Kommunalverwaltung,Berlin ..	1955,H.12 1956,H.1-2
Soz.Sicherh.	= Soziale Sicherheit - Zeitschrift für Sozialpolitik, Köln	1955,H.11 1956,H.1
TW	= Die Teilzahlungswirtschaft, Dortmund ...	1955,H.6 1956,H.1
	Universitas,(Zeitschrift für Wissenschaft,Kunst und Literatur), Stuttgart .	1956,H.1-2
UStR	= Umsatzsteuer Rundschau, Köln	1955,H.24 1956,H.1-2
WRP	= Wettbewerb in Recht und Praxis, Frankfurt/Main	1955,H.1-10 1956,H.1
WuW	= Wirtschaft und Wettbewerb, Düsseldorf ..	1955,H.12 1956,H.1

	Wissen und Tat - Zeitschrift für Theorie und Praxis des wissenschaftlichen Sozialismus, Hamburg	1955,H.11/12 1956,H.1
ZV u.ZV	= Zeitungs-Verlag und Zeitschriften-Verlag, Wiesbaden	1956,H.23/24
Zbl.Jug.R.	= Zentralblatt für Jugendrecht und Jugendwohlfahrt, Köln, Berlin	1955,H.12 1956,H.1
ZMR	= Zeitschrift für Miet- und Raumrecht, Düsseldorf	1956,H.1-2
Z.POLIT.	= Zeitschrift für Politik, Berlin	1955,H.3
ZvR	= Zeitschrift für vergleichende Rechtswissenschaft, Stuttgart	1956,Bd.58, H.2
ZZP	= Zeitschrift für Zivilprozeß, Berlin ...	1955,Bd.68, H.4-6

1) Die hier aufgeführten Hefte sind gemäß der Benutzungsordnung der Bibliothek des Deutschen Instituts für Rechtswissenschaft bedingt ausleihfähig.

1. Theorie und Geschichte des Staates und des Rechts [1)]

Arndt, A.: Gefahren für die Freiheit des Geistes. (Gew.Mon.H., 1956, H.2, S.72-78)

Bärmann: H.Conrad, Deutsche Rechtsgeschichte. Frühzeit und Mittelalter. Ein Lehrbuch. Karlsruhe 1954. (Rez.) (AcP, 1955, H.6, S.545-548)

Bracher, K.D.: Der "Frontier-Gedanke": Motiv des amerikanischen Fortschrittsbewußtseins. Ein ideologienkritischer Versuch. (Z.POLIT., 1955, H.3, S.228-236)

Friedrich Engels - Kampfgenosse von Karl Marx und Mitbegründer des wissenschaftlichen Sozialismus. (Wissen und Tat, 1955, H.11/12, S.33-44)

Godin, M.A. Freiin von: Das albanische Gewohnheitsrecht. (Mit Exkursen) (ZvR, 1956, Bd.58, H.2, S.121-198)

Inselmann, C.: Soziologie und Ideologie in der Sicht von Georg Lukacs. (N.Gesellschaft, 1956, H.1, S.52-57)

Loewenstein, K.: Über das Verhältnis von politischen Ideologien und politischen Institutionen. (Z.POLIT., 1955, H.3, S.191-210)

Lohmar, U.: Gewerkschaftseinheit als Ideologie oder Wirklichkeit? (Gew.Mon.H., 1956, H.2, S.79-85) 13

Nakamura, M.: Die methodologische Beziehung zwischen Rechtswissenschaft und Naturwissenschaft. Entwurf einer von der Naturwissenschaft angeregten neuen Ordnung im System der Rechtswissenschaft. (ZZP, 1955, H.6, S.401-425)

Ossenbühl, F.: Geschichte der Grund- und Menschenrechte. (SKV, 1956, H.1, S.6-10)

Rogge, H.: Flüchtlingsverwaltung, Flüchtlingsrecht und Sozialstaat. Programmatische Bemerkungen zu einer rechtswissenschaftlichen Forschungslücke. (DVBl., 1956, H.2, S.37-42)

Schopen, E.: Rechristianisierung Europas. Die "Abendländische Akademie" in München. (AUSS.POL., 1956, H.12, S.776-783)

Schultes, K.: Harold J.Laski. Eine Staatstheorie der Sozialen Demokratie. (Z.POLIT., 1955, H.3, S.259-272)

Seidel, H.: Die Funktion der Opposition im parlamentarischen System. (Politische Studien, 1955, H.66, S.24-35)

Studnitz, H.G. von: Waren die Preussen schuld? (Innerdeutsche ideologische Auseinandersetzung um die Wiedervereinigung) (AUSS.POL. 1956, H.1, S.6-15) 3

[1)] Die nach der Fundstelle eines Artikels angegebenen Zahlen verweisen auf die Bedeutung dieses Artikels auch für andere Fachgebiete entsprechend der hier zugrunde gelegten Systematik.

Sulzbach,W.: Die Dynastien, die Nationen und der Imperialismus. (SCHM.JB.,1955,H.6, S.65-82)

Thielicke,H.: "Human relations" oder Nächstenliebe? (Gew.Mon.H., 1956,H.1, S.11-14) 13

Tilders,Th.: Zur gesellschaftspolitischen Funktion der Elitetheorie.(Gew.Mon.H.,1955,H.12, S.735-740)

Wickel,H.: Gewerkschaften als Gesellschaft.(Gew.Mon.H.,1955,H.12, S.713-722)

2.Völkerrecht und Aussenpolitik

Bauer,H.: Problematische Koexistenz.(Politische Studien,1955, H.58, S.6-23)

Die Besuche des französischen und belgischen Außenministers bei Bundeskanzler Adenauer am 13.und 14.Nov.1955.(EA,1955,H.23/24, S.8438)

Die Besuche des amerikanischen Außenministers in Spanien und Jugoslawien am 1.und 6.Nov.1955. (EA,1955,H.23/24, S.8439)

Die Errichtung ständiger Organe des Bagdad-Paktes.Schlußkommuniqué der Ministerkonferenz in Bagdad am 21.und 22.Nov.1955. (EA,1956,H.1, S.8527-8528)

Bergsträsser,A.: Frankreich,Deutschland und Europa.(EA,1956,H.1, S.8509-8515)

Kommuniqué über den Besuch von Bundesaußenminister Heinrich von Brentano in Wien vom 16.bis 18.Nov.1955.(EA,1955,H.23/24, S.8438-8439)

Der Achte Jahreskongreß der Europa-Union.(25.-27.Nov.1955 in Berlin; Bericht)(EA,1956,H.1, S.8532-8533)

Das Abkommen vom 20.Okt.1955 über die Gründung der Europäischen Gesellschaft für die Finanzierung von Eisenbahnmaterial(EUROFIMA) (EA,1955,H.23/24, S.8442-8446)

Franklin,G.S.: Atomwaffen und Außenpolitik.(EA,1955,H.23/24, S.8405-8407)

Genevey,P.: Auf der Suche nach einer Abrüstungspolitik. Ausgetretene Pfade und neue Wege.(EA,1955,H.23/24, S.8408-8419)

Die Stellungnahme der Bundesregierung und des Deutschen Bundestages zur Genfer Außenministerkonferenz. (EA,1956,H.1, S.8529-8532)

Dokumente zur Genfer Außenministerkonferenz 1955. Die Memoranden und Vorschläge zu Punkt 1 der Tagesordnung.(EA,1956,H.1, S.8516-8527)

Dokumente zur Genfer Außenministerkonferenz 1955. Der Konferenzverlauf vom 2.Nov.bis zum Abschluß. (EA,1955,H.23/24 S.8429-8437)

Die zweite Genfer Konferenz. (27.Okt.1955)(AUSS.POL.,1955,H.12, S.8o3-8o7)

Knolle,H.: Sozialpolitische Fragen im Rahmen neuester Integrationsbestrebungen Westeuropas.(BArbBl.,1955,H.23,S.1o59-1o63) 13

Langerhans,H.: Fernöstliche Kriegsgefahr und Verhandlungen. (China-USA) (AUSS.POL.,1956,H.2, S.83-92)

Mathiopoulos,B.P: Zypern und die Bündnissysteme auf dem Balkan. (AUSS.POL.,1955,H.12, S.796-799)

Montgomery,L.: Der globale Krieg der Zukunft.(AUSS.POL.,1955, H.12, S.755-769)

Die Tagungen der NATO und der Westeuropäischen Union (WEU) sowie die deutsch-französischen Besprechungen in Paris im Dezember 1955. (EA,1956,H.2, S.8555-8556)

Dokumente zum österreichischen Staatsvertrag. Die Memoranden vom 10.Mai 1955 über die Verhandlungen zwischen den drei Westmächten und Österreich.(EA,1956,H.2, S.8556-8562)

Die Saarabstimmung. (AUSS.POL.,1955,H.12, S.8o7-8o8)

Schröder-Brzosniowsky, I.: Der Stand der wirtschaftlichen Integration Europas Anfang 1956.(Gew.Mon.H.,1956,H.1, S.48-51)

Gemeinsame Sowjetisch-burmesische Erklärung vom 3.Nov.1955 beim Abschluß des Besuches von Ministerpräsident U Nu in der Sowjetunion.(EA,1955,H.23/24, S.844o-8441)

Sowjetisch-norwegisches Kommuniqué vom 15.Nov.1955 über den Besuch des norwegischen Ministerpräsidenten Einar Gerhardsen in der Sowjetunion. (EA,1955,H.23/24, S.8441-8442)

Süsterhenn,A.: Die Europäische Konvention zum Schutz der Menschenrechte und Grundfreiheiten.(DVBl.,1955,H.23, S.753-758)

Vernon,R.: Die Vereinigten Staaten und die Organisation für Zusammenarbeit auf dem Gebiete des Handels (OTC).(EA,1956,H.2, S.8541-8548)

Zemanek,K.: Die österreichische Neutralität.(Int.Jb.Pol.,1955, H.3, S.3o2-3o7)

3.Staats- und Verwaltungsrecht

Altmann,R.: Zur Rechtsstellung der öffentlichen Verbände. (Z.POLIT.,1955,H.3, S.211-227)

Arndt,A.: Muß der Beamte seine Zugehörigkeit zu einer politischen Partei offenbaren? (JZ,1956,H.3, S.80-81)

Becker,E.: Über den Inhalt der Gemeindeverwaltung und die Rechtsstellung des Gemeindedirektors in Nordrhein-Westfalen.(DVBl.,1956, H.1, S.4-1o)

Berkenhoff,H.A.: Die Gemeinde - dritte Säule des Staates.(Öff.D., 1955,H.11, S.2o8-214)

Bettermann, K.A.: Die Grenzen der Wirksamkeit des Bundesverwaltungsgerichts insbesondere als Revisionsgericht.(DVBl.,1956,H.1, S.11-15) 7

Bischoff,F.: Die Stellung der Bundespost im Rechtsverkehr. (MDR,1956,H.1, S.17-18)

Böhme,E.: Über den zivilen Luftschutz.(N.Gesellschaft,1956,H.1, S.48-51)

Borries,K.: Die großen Mächte und der Deutsche Osten.(Oder-Neiße-Grenze usw.)(AUSS.POL.,1956,H.2, S.1o2-112)

Brass,F.: Die Zuständigkeit der Jugendämter und ihre Abgrenzung gegenüber anderen Dienststellen.(Zbl.JugR,1956,H.1, S.1o-16)

Bremer,H.: Die endgültige Auflösung der Gruppenorganisationen der gewerblichen Wirtschaft.(NJW,1956,H.5, S.161-164) 9

Cartellieri,W.: Zum Aufbau einer Atomwirtschaft in der Bundesrepublik Deutschland. Eine Übersicht für rechtliche Erwägungen. (BB,1956,H.1, S.3-7)

Cohen-Reuss,M.: Die französische Union.(Gew.Mon.H.,1956,H.2, S.1o4-11o)

Derett,J.D.M.: Hindu Law: The Dharmashastra and the Anglo-Hindu law - scope for further comparative study.(ZvR,1956,Bd.58,H.2, S.199-245) 1,7,9

Dittus,W.: Baulandgerichte und Normenkontrolle.(DÖV,1956,H.1, S.2o-21)

Eggers,R.: Zur Bewertung land- und forstwirtschaftlicher Grundstücke.(RdL,1955,H.10, S.264-265) 9

Fackler,M.: Die italienischen Parteien.(Politische Studien,1955, H.59, S.3o-38) 1

Fahlbeck,E.;N.Herlitz;N.Stjernquist: Die Entwicklung des öffentlichen Rechts Schwedens in den Jahren 1933 bis 1953.(Jb.öff.R., 1955,Bd.4, S.299-353)

Fisch,W.: Das Verbotsverfahren gegen die KPD - eine Provokation gegen Frieden und Entspannung.(Wissen und Tat,1955,H.11/12, S.13-23)

Fischer,A.J.: Der Staat der Flüchtlinge.(Israel)(AUSS.POL.,1955, H.12, S.783-791)

Freier, D.: Aufgaben und Möglichkeiten einer Arbeitsgemeinschaft "Jugendhilfe". Mitarbeit freier (ehrenamtlicher) Kräfte in anderer Sicht.(RdJ,1956,H.2, S.21-22)

Füßlein: Mischverwaltung oder Mitverwaltung?(DVBl.,1956,H.1,S.1-4)

Fuhrberg: Zur Rechtsprechung des Bundesverwaltungsgerichts in Umlegungs- und Flurbereinigungssachen.(RdL,1956,H.1, S.1-4)

Gersdorf,H.: Der gegenwärtige Stand der Bundesbesoldungsreform. (SKV,1955,H.12, S.243-244)

Gerth,E.: Das Recht der kommunalen Zweckverbände in Nordrhein-Westfalen.(Öff.D.,1955,H.12, S.227-229)

Gross,W.: Betrachtungen.(Zur Gesetzgebungsinitiative)(DVBl.,1955, H.23, S.763-764)

Gützkow,H.: Die neue Gemeindeordnung für Baden-Württemberg.(DÖV, 1956,H.1, S.8-14)

Hamann,A.: Die Bindung der staatlichen Organisationsgewalt an die Gesetzgebung.(NJW,1956,H.1, S.1-4)

Hamel,W.: Formen und Vertretungsmacht bei Rechtsgeschäften der öffentlichen Hand.(DVBl.,1955,H.24, S.796-800) 9

Harrer, R.: Reformen des Pflegekinderschutzes.(RdJ,1956,H.2, S.27-28; H.3, S.41-42) 11

Haupt,P.: Die Eingeborenenbevölkerung souveräner Staaten.(Gew.Mon. H.,1956,H.1, S.44-47)

Herderhorst: Die Entwicklung des öffentlichen Rechts in Bremen im 1.Halbjahr 1955.(DVBl.,1955,H.24, S.81o-812)

Hesse,K.: Ausnahmezustand und Grundgesetz.(DÖV,1955,H.24,S.741-746)

Heuss,Th.: Die Stadt der Zukunft.(Universitas,1956,H.2,S.113-122)

Kielscher,E.: Die Finanzierung der politischen Parteien.(Politische Studien,1955,H.64, S.6-19)

Hillekamps,C.H.: Peróns letzte hundert Tage.(AUSS.POL.,1955,H.12, S.770-776)

Himmelstrup,J.: Das öffentliche Recht Dänemarks von 1932 bis 1953. (Jb.öff.R.,1955, H.4, S.255-267)

Hoegner,W.: Die Grundlagen der Bayerischen Verfassung.(Politische Studien,1955,H.66, S.6-23)

Hoffmann,W.: Die jugoslawische Staatsverfassung.(Politische Studien,1955,H.65, S.32-38)

Jakobi,G.: Die SPD-Führung unterstützt das Aufrüstungsprogramm der Monopolherren.(Wissen und Tat,1956,H.1, S.36-45)

Köhler, K.-H.v.: Grenzen der Rechtsstaatlichkeit im Verwaltungsstreitverfahren.(JR,1955,H.11, S.411-412)

Kruse,H.: Um die Organisation der staatlichen Atomkontrolle in der Bundesrepublik.(DÖV,1955,H.24, S.746-748)

Krüger,H.: Die Verfassungswidrigkeit der lex Schörner.Zugleich ein Beitrag zu Art.19 Abs.1 Satz 1 GG, (DVBl.,1955,H.23, S.758-763; H.24, S.791-796)

Krüger,H.: Die beamtenrechtliche Versorgung der Beamtenwitwe, deren neue Ehe aufgehoben,ist nach dem DBG.(MDR,1956,H.2,S.65-67)

Küster,O.: Zum Entwurf des Bundesentschädigungsgesetzes 1956. Kritik und Gesetzesvorschläge insbesondere zur Existenzschädenregelung.(JZ,1956,H.2, S.41-45)

Lechner:Zur Zulässigkeit der Verfassungsbeschwerde gegen Unterlassungen des Gesetzgebers.(NJW,1955,H.49, S.1817-1819)

Lichter,M.: Der Staatsangehörigkeitsbegriff im Wandel der Zeit. (SKV,1956,H.2, S.26-27)

Loewenstein,K.: Staatspolitik und Verfassungsrecht in den Vereinigten Staaten 1933 bis 1954. (Jb.öff.R.,1955,Bd. 4,S.1-153)

Lucas,W.: Grundlegende Neuordnung der Schadensregelung für Schadensfälle nach dem 5.Mai 1955.Entschädigung für Schäden durch ausländische Truppen nach Aufhebung des Besatzungsregimes. (SKV,1955,H.12, S.256-258)

Machleid,W.: Staatshaftung im Bereiche des MRG 52.(NJW,1955,H.49, S.1819-1823) 2

Mannheimer,L.: Die Rechtsprechung des Bundesdisziplinarhofs. (JZ,1956,H.3, S.86-87)

Meier,E.: Zur Tätigkeit des Kreisjugendpflegers.(RdJ,1956,H.2, S.20-21)

Menger:Urteil des Bundesverwaltungsgerichts vom 10.Juni 1955 über die Grenzen der Revisibilität verfahrensrechtlicher Verstöße bei auf Landesrecht gestützten Klagen (Mit Anm.). (DVBl.,1956,H.2, S.52-53)

Menzel,W.;W.Geiger: Möglichkeiten und Grenzen des Verfassungsschutzes. (Politische Studien,1955,H.59, S.6-17)

Metelmann: Die Entwicklung des öffentlichen Rechts im Land Nordrhein-Westfalen im 1.Halbjahr 1955.(DVBl.,1955,H.23, S.764-767)

Meyer,H.: Der Schutz Deutscher vor Überstellung an das Ausland nach dem Grundgesetz.(JZ,1956,H.1, S.6-14) 2

Miericke: Die Entwicklung des öffentlichen Rechts in Niedersachsen in der Zeit vom 1.Jan.bis 30.Juni 1955.(DVBl.,1956,H.1, S.17-19)

Müterthies,H.: Der Kampf für kollektive Sicherheit in Europa-die vorrangige Aufgabe der Kämpfe für ein einheitliches friedliebendes, demokratisches Deutschland.(Wissen und Tat,1955, H.11/12,S.5-12)

Nedden,G.: Der Handel auf den öffentlichen Straßen.(NJW,1956, H.3, S.81-84)

Nedden,G.: Die Pflicht zur Aufstellung von Verkehrszeichen und die Verkehrssicherungspflicht auf öffentlichen Straßen.(DÖV,1956, H.1, S.14-20)

Nef,H.: Die Fortbildung der Schweizerischen Bundesverfassung in den Jahren 1929 bis 1953.(Jb.öff.R.,1955, Bd.4, S.355-394)

Otto,W.: Recht und Gerechtigkeit in der Wiedergutmachung. (Gew.Mon.H.,1956, H.1, S.5-10)

Pagendarm: Die Rechtsprechung des Bundesgerichtshofs zum Reichsleistungsgesetz.(NJW,1956,H.4, S.121-126)

Pentz,A.: Nochmals § 31 Abs.3 Wohnungsbewirtschaftungsgesetz. (NJW,1956,H.5, S.173-174) 9

Plog,E.: "Obliegenheiten des Amtes" in § 1o9 Abs.2 BBG.(Öff.D., 1955,H.11, S.2o1-2o4)

Popp,L.G.: Bemerkungen zur Wahlordnung zum Personalvertretungsgesetz.(ArbuR, 1956,H.1, S.21-23) 13

Pressefeindlichkeit des Bundesverteidigungsministeriums führt zur Anfrage im Bundestag. (ZV u.ZV,1955,H.23/24, S.928)

Internationale Kommission der Juristen zur Untersuchung der Prozesse in Karlsruhe. Schlußfolgerungen zu dem vor dem Bundesverfassungsgericht angestrengten Prozeß zum Verbot der Kommunistischen Partei Deutschlands. (DJ,1955,H.6, S.189-192)

Pusch,E.R.: Die Erstattung von Fehlbeträgen am öffentlichen Vermögen.(Öff.D.,1955,H.12, S.230-234) 13

Pylee,M.V.: The Constitution of India of 1942.(Jb.Öff.R.,1955, Bd.4, S.155-254)

Raiser,K.D.: Richterliche Kritik an der Novelle zum Bundesentschädigungsgesetz.(JZ,1956,H.2, S.45-49)

Rognlien,St.: Die verfassungsrechtliche Entwicklung in Norwegen in den Jahren 1932 bis Ende 1952.(Jb.öff.R.,1955,Bd.4, S.269-298)

Rohlfing,Th.: Haftung aus dem Rechtsverhältnis zwischen Post und Benutzer.(B,1956,H.2,(Beil.),S.1-6) 9

Rosen,E.R.: Die Lage der christlichen Demokratie in Italien. (Z.POLIT.,1955,H.3, S.237-247)

Sander,H.: Die Entwicklung des öffentlichen Rechts in Schleswig-Holstein im 1.Halbjahr 1955.(DVBl.,1956,H.2, S.49-52)

Schilling,R.: Die Rechtsprechung des Landesverwaltungsgerichts Köln zum Gesetz über die Verbreitung jugendgefährdender Schriften.(Teil 1)(RdJ,1956,H.3, S.38-40)

Schmidt,H.: Rüstungsorganisation - eine quantité négligeable? (N.Gesellschaft,1956,H.1, S.26-34)

Schreiber,W.: Die Neuregelung der Renten in der Kriegsopferversorgung.(ASP,1956,H.1, S.14-16) 13

Schütz,W.: Bundesbaugesetz: Initiativgesetzentwurf im Bundestag (Teil 2.3.).(DWW,1955,H.12, S.282-286; 1956,H.1, S.15-19)

Schwarz,E.: Die Problematik der Wiedervereinigung.(Gew.Mon.H., 1956,H.2, S.65-71)

Schwarz,W.: Letztmalig: Die überholende Kausalität im RE-Recht. (Rückerstattungsrecht) (JR,1955,H.11, S.415-416) 9

Schweitzer,G.B.: Aktuelle Probleme des parlamentarischen Geschäftsordnungsrechts.(NJW,1956,H.3, S.84-88)

Seifert,K.-H.: Zur Rechtsstellung der politischen Parteien.(DÖV, 1956,H.1, S.1-7)

Smend,R.: Der Niedersächsische Kirchenvertrag und das heutige deutsche Staatskirchenrecht.(JZ,1956,H.2, S.50-53)

Sonnabend; Darkow: Der Regierungsentwurf einer Novelle zum BEG. (Teil 2)(DRiZ,1956,H.1, S.7-8)

Sonobe,S.: Die Entwicklung des Verwaltungsrechts und der Verwaltungsrechtsprechung in Japan.(DVBl.,1955,H.24, S.789-791)

Aktuelle Grundfragen des öffentlichen Rechts. Zur Tagung der deutschen Staatsrechtslehrer 1955.(Bericht)(DÖV,1955,H.24, S.751-752)

Strehl,C.: Zur Frage des Einsatzes Blinder im mittleren und gehobenen Justiz- und Verwaltungsdienst.(BArbBl.,1956,H.2, S.57-58) 13

Teichmann, U.: Bauern in Bewegung.(Westdeutschland)(Gew.Mon.H., 1956,H.1, S.33-38)

Tietgen:Urteil des Bundesverfassungsgerichts vom 9.Nov.1955 zur Staatsangehörigkeit der Österreicher (mit Anm.).(DVBl.,1956, H.1, S.19-22)

Timmler,M.: Nigeria: Letzte Schritte zur Selbstregierung. (AUSS.POL.,1956,H.2, S.112-118)

Ulland,C.: Der Beamte auf Probe.(Öff.D.,1955,H.11, S.205-208)

Das Wahlprogramm der SPD.(AG,1956,H.3, S.73-74)

Werner: Grundeigentum und bauliche Ordnung.(DVBl.,1955,H.24, S.806-807) 9

Wilden,H.: Die Dauer des Entschädigungszeitraumes nach dem Bundesentschädigungsgesetz.(NJW,1955,H.50, S.1869-1871)

4.Finanz-,Steuer-und Preisrecht

Bergmann,G.: Die Zahlungsbilanz Großbritanniens und des Sterlingblocks als Problem der britischen Wirtschaftsentwicklung. (EA,1955,H.23/24, S.8420-8428)

Birkholz, H.H.: Zum Wesen und Wirken der Finanzgerichte und zur Neuordnung der Finanzgerichtsbarkeit.(DRiZ,1956,H.1,S.10-11)

Bühler, O.: Jahressteuergesetz 1956 statt Fortsetzung der zerfahrenen Flickgesetzgebung - Die Forderung der Stunde.(FR,1956,H.1, S.1)

Bundesbank-Kompromiß. (AG,1956,H.3, S.64-66)

Eckhardt: Ausblick auf 1956.Die Denkschrift des BFM zur Umsatzsteuer-Reform.(UStR,1956,H.1, S.1-3)

Fiedlaender,K.: Aus der Rechtsprechung des Bundesfinanzhofs im Jahre 1954. Eine Ergänzung.(NJW,1955,H.50, S.1861-1863)

Flume,W.: Die Besteuerung der Ehegatten.(B,1956,H.4, S.71-74)

Franz:Die Härtefonds-Leistungen nach dem Vierten Lastenausgleichsänderungsgesetz.(RLA,1955,H.24, S.371-372)

George,H.: Kinder als Angestellte im väterlichen Betrieb. Steuerliche Auswirkungen.(RdJ,1956,H.2, S.25-26) 13

Gerber,J.: Anforderungen an das Rechnungswesen eines öffentlichen Haushalts.(Öff.Haush.,1955,H.3/4, S.115-126)

Haegele:Neuere Rechtsprechung zur Vollumstellung von Reichsmark-Ansprüchen im Hinblick auf die Hypothekengewinnabgabe.(RLA,1956, H.1, S.1-5)

Heidecker,H.: Zur Rechtsnatur der geltenden devisenrechtlichen Nebenbestimmungen.(BB,1956,H.2, S.64-66)

Henn, G.: Die Regelung mittel- und langfristiger deutscher Schulden aus privaten Kapitalgeschäften.Eine Betrachtung zur Anlage 2 des Londoner Abkommens.(NJW,1955,H.51/52, S.1903-1905)

Herting,D.: Fragen der Umsatzsteuer-Reform. Zur Denkschrift des Bundesfinanzministeriums-(BB,1956,H.3, S.85-90)

Hoffmann,F.: Die Pensionszusage in der Steuerbilanz.(FR,1956,H.1, S.4-7)

Kaymer:Niederschlagung und Erlaß von Ansprüchen des Staates und der Gemeinden.(Öff.Haush.,1955,H.3/4, S.126-128)

Meilicke,H.: Änderung von DM-Eröffnungsbilanzen im Hinblick auf das Dritte D-Markbilanzergänzungsgesetz.(BB,1956,H.2, S.53-55)

Neuhoff:Die 6.Novelle zum Lastenausgleichsgesetz.(RLA,1956,H.2, S.23-26)

Osenberg:Zur Feststellung der Erwerbsunfähigkeit nach den Lastenausgleichsgesetz.(RLA,1955,H.24, S.373-374) 13

Paulick,H.: Stellt die Zusammenveranlagungsvorschrift des § 26 EStG sog.vorkonstitutionelles Recht dar, das nicht der Normenkontrolle des Bundesverfassungsgerichts im Verfahren nach Art. 100 Abs.2 GG unterliegt? (FamRZ,1956,H.2, S.47-50) 3

Plew:Zweifelsfragen zum 3.DM-Bilanz-Ergänzungsgesetz.(FR,1955, H.24, S.562-564)

Prugger,K.: Die Umsatzsteuer im Konkursverfahren.(UStR,1956,H.2, S.1o-12)

2

Schumacher: Kreditgewinnabgabe und Forderungen an das Deutsche Reich. Ist eine Berichtigung der RM-Bilanzen auf Grund des Kontrollratsgesetzes Nr.12 möglich? (RLA,1955,H.24, S.369-371)

Spitaler, Die Grenzen der Auslegung im Steuerrecht.(BB,1956,H.1, S.7-10)

Stoll: Rechtsfragen bei der Bewilligung von Landesdarlehen. (SchlHA,1956,H.1, S.3-9)

Thoma,G.;Mattern;A.Spitaler: Zur Frage der Nachprüfung von Beschwerdeentscheidungen der OFD in Steuerstrafsachen durch die Finanzgerichte.(FR,1955,H.24, S.554-562)

Umsatzsteuer auf Teilzahlungsgebühren.(TW,1956,H.1, S.16-20)

Der finanzielle deutsche **Verteidigungsbeitrag**.(AG,1956,H.3, S.66-67)

Wilhelmi,H.: Die umsatzsteuerliche Behandlung von Offshore-Lieferungen.(UStR,1955,H.24, S.185-188)

Wobser,E.: Die tragenden Haushaltprinzipien und ihre Durchführung im Bundeshaushalt.(Öff.Haush.,1955,H.3/4, S.137-161)

Zimdahl,H.-H.: Die Besteuerung der Vorschüsse an Rechtsanwälte. (JR,1955,H.11, S.412-414)

Zitzlaff: Zur Neuordnung der Finanzgerichtsbarkeit.(FR,1956,H.1, S.2-4)

7

5.Strafrecht,Strafprozeß

Becker,W.: Die strafbare Verletzung der Unterhaltspflicht.(NJW, 1955,H.51/52, S.19o6-19o8)

Bindokat,H.: Freispruch bei fehlendem Strafantrag? (NJW,1955, H.50, S.1863-1865)

Börker: Vereinfachung der Urteilsbegründung in Hehlereifällen. (DRiZ,1956,H.1, S.11)

Creifelds: Die strafrechtliche Einziehung gegen den "Dritteigentümer".(JR,1955,H.11, S.4o3-4o9)

Dallinger,W.: Aus der Rechtsprechung des Bundesgerichtshofes in Strafsachen.(MDR,1956,H.1, S.9-12)

Donau,H.: Kostenerstattung im Strafverfahren.(NJW,1955,H.49, S.1827-1828)

Eckels,H.H.: Tätige Reue bei Vollstreckungsvereitelung.(NJW,1955, H.49, S.1827)

Francke,F.: Nebenklägerauslagen im Strafbefehlsverfahren bei Rücknahme des Einspruchs.(NJW,1956,H.1, S.10-12)

Grunau,Th.: 50 Jahre Strafvollzug in Neumünster.(SchlHA,1955,H.12, S.346-347)

Händel,K.: Strafvollzug und Jugendkriminalität - Kongreß der Vereinten Nationen in Genf.(JR,1955,H.12, S.460-461)

Hardwig,W.: Beiträge zur Lehre vom Betruge.(GAStr.1956,H.1, S.6-21)

Hartung,F.: Verwaltungs- und gerichtliches Steuerstrafverfahren. (NJW,1956,H.2, S.41-45) 4

Hennke: Rechtsmittelbeschränkung bei Anordnung der Sicherungsverwahrung.(GAStr.,1956,H.2, S.41-48)

Hess:Zusammenwirken von Richter und Staatsanwaltschaft bei amtsrichterlicher Strafverfügung.(NJW,1956,H.3, S.92)

Hirschberg,M.: Das Fehlurteil in der Strafjustiz. Zur Pathologie der Rechtsprechung.(MschrKrim,1955,H.5/6, S.129-150)

Holtfort:"Unterschlagung" durch Bruch des Mitgewahrsam in ADSp. und SVS.(NJW,1955,H.51/52, S.1912-1913)

Klaar,A.;Riege: Betrafung ausländischer Flüchtlinge nach Paßgesetz und Ausländer-Polizei-VO. (NJW,1956,H.1, S.170-171)

Kohlhaas,M.: Bild- und Tonberichterstattung im Gerichtsverfahren. (DRiZ,1956,H.1, S.2-4)

Kühler:Die Stellungnahme der Bischöfe Schwedens zur Bestrafung des homosexuellen Verhaltens.(MschrKrim,1955,H.5/6,S.192-193)

Lange,R.: Der Strafgesetzgeber und die Schuldlehre. Zugleich ein Beitrag zum Unrechtsbegriff bei den Zuwiderhandlungen.(JZ,1956, H.3, S.73-79)

Less,G.: Genügt "Bedingtes Wollen" zum strafbaren Verbrechensversuch? (GAStr.,1956,H.2, S.33-41)

Meier-Branecke: Beschränkung des Weisungsrechts gegenüber den Staatsanwälten. (GAStr.,1956,H.1, S.22-24) 7

Mayer,H.: Inwieweit ist Beweismaterial in der Hand des Verteidigers beschlagnahmefrei.(SchlHA,1955,H.12, S.348-350)

Meister,H.-G.: Zweifelsfragen zur versuchten Anstiftung.(MDR,1956, H.1, S.16-17)

Middendorf,W.: Die schwere Entscheidung. Zur Aufgabe des Jugendrichters bei der Strafzumessung.(Teil 2)(RdJ,1956,H.1, S.12-14)

Oehler,D.: Zum Eintritt eines hochgradigen Affekts während der Ausführungshandlung.(GAStr.,1956,H.1, S.1-6)

Der Bundesgerichtshof zum Begriff der "offensichtlich schweren Jugendgefährdung". (ZV u.ZV, 1955,H.23/24, S.948)

Pentz,A.: Neues zum Jugendgerichtsgesetz.(RdJ,1956,H.3, S.44-47)

Erfahrungen aus den politischen Strafverfahren, besonders vor dem 6.Senat des Bundesgerichtshofes.(Bericht)(DJ,1955,H.6, S.179-183)

Potrykus: Zur Aburteilung von politischen Straftaten Heranwachsender.(RdJ,1956,H.1, S.14)

Riese,H.: Das Ermessen des Strafrichters als Problem der Strafrechtsreform.(NJW,1956,H.1, S.10)

Schalscha: Zehn Monate Gefängnis und § 23 StGB.(DRiZ,1956,H.1, S.11-12)

Schilling, R.: Gedanken zu einigen Hauptproblemen des geistigen Jugendschutzes.(Zbl.JugR,1956,H.1, S.1-10)

Schneider,E.: § 56 StGB und die Strafrechtsreform.(JR,1955,H.11, S.414-415)

Schneider,E.: Wahlfeststellung zwischen vorsätzlicher und fahrlässiger Tat ? (DRiZ,1956,H.1, S.12-13)

Schumacher,A.: Der Ehemann im Sühneverfahren der StPO.(FamRZ,1956, H.2, S.46-47)

Wirtschaftsstrafgesetz gegen Preisüberhöhungen?(AG,1956,H.1/2, S.8-9)

Würtenberger, Th.: Der III.Internationale Kongreß für Kriminologie.(12.-18.Sept.1955 in London; Bericht)(JZ,1956,H.3, S.1o2-1o3)

Es bleibt zunächst beim Zeugniszwang gegen die Presse.(ZV u.ZV, 1955,H.23/24, S.949)

6.Kriminalistik,gerichtliche Medizin

Dennemark,H.-G.: Der Selbstmord als medizinisches und theologisches Problem.(Universitas,1956,H.1, S.65-70) 1

Gerchow,J.: Neue Ergebnisse über die Bedeutung soziologischer, psychologischer und psychopathologischer Faktoren bei Inzesttätern der Nachkriegszeit.(MschrKrim,1955,H.5/6, S.168-183) 5

Haddenbrock,S.: Zur Frage eines theoretischen oder pragmatischen Krankheitsbegriffs bei Beurteilung der Zurechnungsfähigkeit. (MschrKrim,1955,H.5/6, S.183-192) 5

Mayer,A.: Die Blutalkoholbestimmung und ihre forensische Bewertung.(DRiZ,1956,H.1, S.13)

Schmitz,H.A.: Der § 1o5 JGG in jugendpsychiatrischer Sicht. (MschrKrim,1955,H.5/6, S.150-167) 5

7.Gerichtsverfassung (einschließlich Notariat und Anwaltschaft)

Bader,K.S.: Staatsanwalt und Rechtspflege.(JZ,1956,H.1, S.4-6)

Hippel,E.v.: Die rechtsprechende Gewalt und das Richtergesetz. (JZ,1956,H.1, S.1-4)

Kern,E.: Kann ein Beamter gegen seinen Willen in eine Richterstelle versetzt werden?(DRiZ,1956,H.1, S.9) 3

Stellungnahme der Justizminister der Bundesländer zum Entwurf eines Richtergesetzes.(DÖV,1955,H.24, S.755)

Scheuerle,W.A.: Richterliches Beratungsgeheimnis und richterliche Meinungsfreiheit.(ZZP,1955,H.5, S.317-341) 9

8.Freiwillige Gerichtsbarkeit

Firsching,K.: Interzonale Zuständigkeit im Todeserklärungsverfahren - Mehrfache Todeserklärung.(JR,1955,H.12, S.449-451)

Müller-Tochtermann: Freiwillige Gerichtsbarkeit zwischen Verwaltung und Rechtsprechung.(DRiZ,1956,H.1, S.4-7)

Pritsch:Bindung des Grundbuchamts an Hoferbenfeststellungsbeschlüsse.(RdL,1955,H.10, S.261-264)

9.Zivilrecht,Zivilprozeß

Rückblick und Ausblick.(Abzahlungsgeschäfte)(TW,1956,H.1, S.2-3)

Kraftfahrzeughandel zur Reform des Abzahlungsgesetzes. (TW,1956, H.1, S.27)

Bärmann,J.: Zur Dogmatik des gemeinen Raumeigentums.(AcP,1956, H.1, S.1-27)

Beitzke,G.: Zur Zwangsvollstreckung gegen Ehegatten bei Gütertrennung.(ZZP,1955,H.4, S.241-260) 11

Bierbach,W.: Offenbarungseidverfahren nach § 807 ZPO bei bekannten Schuldnerforderungen.(MDR,1956,H.2, S.78-79)

Bindokat,H.: Zur Frage des Irrtums bei Prozeßhandlungen.(NJW,1956, H.2, S.51) 5

Blomeyer,A.: Fortschritt der modernen Schuldrechtsdogmatik. (AcP,1955,H.6, S.527-544)

Böhmer,E.: Zum Streit um die erhöhte Betriebsgefahr.(NJW,1956, H.1, S.8-9)

Brangsch,H.: Prozeßvertretung durch Verbände.(NJW,1955,H.49, S.1823-1825)

Brauer,H.: Rechtsgeschäftlicher Eigentumserwerb am Wrack eines eingetragenen Binnenschiffes.(MDR,1956,H.2, S.67-70)

Breetzke:Zur Mieterhöhung trotz langfristigen Vertrages.(NJW, 1956,H.1, S.4-6)

Brunn,W.: Anerkennung von Sowjetzonenurteilen.(NJW,1956,H.5, S.171-173)

Busse,H.-U.: Die Bedeutung von Sperrkonten.(MDR,1956,H.2, S.70-72)

Capeller,R.: Zur Duldungs- und Anscheinsvollmacht öffentlich-rechtlicher Körperschaften.(MDR,1956,H.1, S.7-9) 3

Drescher,W.: Mittelstand und Wohnungsbaupolitik.(DWW,1955,H.12, S.288)

Dürkes,W.: Die Überlassung von Verpackungsmitteln als Darlehen. (BB,1956,H.1, S.25-27)

Eigenheim auf Raten. (TW,1956, H.1, S.9)

Flessa,R.: Höchstbetragssicherheiten für Kontokorrentkredite. (NJW,1955,H.51/52, S.19o1-19o3)

Foth,H.: Über die Sachbefugnis. Gedanken über ein Thema der allgemeinen Prozeßrechtslehre unter besonderer Berücksichtigung des verwaltungsprozessualen Anfechtungsstreits nach MRVO Nr.165. (ZZP,1955,H.5, S.358-373) 3,5

Freund:Zur Streitwertbeschwerde: Beschwerdeberechtigung des im Rechtsstreit nicht vertretenen Beklagten.(NJW,1956,H.1, S.9-1o)

Friese: Baukostenzuschuß, Aufhebungsklage und Kündigung.(ZMR, 1956, H.1, S.1-4)

Friese:Rechtsbeziehungen der Mieter untereinander.(MDR,1956,H.1, S.1-4)

Friese,H.: Unpünktliche Zahlung des Mietzinses als erhebliche Belästigung.(JR,1955,H.12, S.447-449)

Gamm, Frhr.v.: Zur praktischen Anwendung des allgemeinen Persönlichkeitsrechts.(NJW,1955,H.49, S.1826-1827) 1

Greifelt,K.: Die Zusendung unbestellter Waren.(WRP,1955,H.5, S.120-122) 10

Grunau:Nochmals: Der Berechtigte im Umstellungsergänzungsgesetz. (JR,1955,H.12, S.456-457) 4

Grund:§ 765 a ZPO in der Mobiliarzwangsvollstreckung.(NJW,1956, H.4, S.126-128)

Habscheid,W.J.: Ein Beitrag des Bundesarbeitsgerichts zur Lehre von den Prozeßvoraussetzungen. Zur Postulationsfähigkeit und zur materiellen Rechtskraft von Prozeßurteilen.(RdA,1955,H.12, S.444-447) 13

Häusler,W.: Zur Verlängerung der Kündigungsschutzbestimmungen im Geschäftsraummietengesetz bis zum 31.März 1956.(DWW,1956, H.3, S.4-5)

Haltmeyer,Eu.: Der Verbraucherkredit in Amerika.(TW,1955,H.6, S.192-193; 1956,H.1, S.31)

Holzapfl:Mietzinsfestsetzung bei preisfreien Dienst- und Werkwohnungen? (BB,1956,H.2, S.83) 13

Investitions- und Instandsetzungskredite durch Teilzahlung (ITZ) haben sich in Berlin bewährt.(TW,1956,H.1, S.9)

Kalm,T.W.v.: Zur Auslegung des § 29 BGB.(MDR,1956,H.1, S.17)

Knöpfel,G.: Der Antrag auf Erlaß des Anerkenntnisurteils (§ 307 ZPO). (ZZP,1955,H.6, S.450-459)

Koehne,H.: RM-Titel und RM-Grundbucheintragungen in der Zwangsvollstreckung.(JR,1955,H.12, S.443-447)

Krämer,W.: Der Kaufkredit der Sparkassen.(TW,1955,H.6, S.177-181)

Kupfer,H.: Gefahren in der Kraftfahrzeug-Finanzierung.(TW,1956, H.1, S.8)

Lappe,F.: Der Streitwert im Wettbewerbsprozeß.(WRP,1955,H.10, S.268-271) 10

Lipschitz: Weitere Verbesserung des Mobiliar-Vollstreckungs-Schutzes. Ein Nachwort zu AGR Tischbein in ZZP 67, 108.(ZZP,1955, H.4, S.301-302)

Loenicker: Die Abgrenzung des Teilfinanzierungsgeschäftes von den Geschäften der verbotenen Zwecksparunternehmungen.(NJW,1956, H.3, S.88-90) 4

Lüke,G.: Die Versteigerung der gepfändeten Sache durch den Gerichtsvollzieher.(ZZP,1955,H.5, S.341-357)

Menge,R.: Kundenkreditbedarf im Einzelhandel von 1951 bis 1954 ständig angestiegen.(TW,1955,H.6, S.173-176)

Meyer,W.F.: Die volkswirtschaftliche Funktion des Teilzahlungskredits.(TW,1955,H.6, S.166-167)

Mölders,H.: Kostenentscheidung bei vergleichsweiser Erledigung der Hauptsache.(NJW,1956,H.4, S.130-131)

Montaner,A.: A.Burghardt, Eigentumsethik und Eigentumsrevisionismus. Vom Abfindungslohn zum Miteigentum. München 1955.(Rez.) (SCHM.JB.,1955,H.6, S.91-92) 1,13

Mordhorst,G.: Spareinlagen auf fremden Namen.(MDR,1956,H.1,S.4-6)

Nowy,A.: Das Absatzfinanzierungsverfahren der Württembergischen Landessparkasse.(TW,1956,H.1, S.6-7)

Nußbaum,A.: Die Rechtstatsachenforschung.(AcP,1955,H.6, S.453-484) 1

Pauly: Auf dem Wege zu einem Bodenrecht.(DVBl.,1956,H.2, S.42-45) 3

Piegler,J.: Die Selbstbindung des österreichischen Obersten Gerichtshofes.(ZZP,1955,H.6, S.441-449)

Pohle,R.: Der materiellrechtliche und der prozessuale Verzicht auf den Grundbuchberichtigungsanspruch.(JZ,1956,H.2, S.53-56)

Pohle,R.: Zur Zwangsvollstreckung gegen Ehegatten bei Gütertrennung.(ZZP,1955,H.4, S.260-278) 11

Reuss,F.: Zum Begriff des "Inlandes" im Sinne von § 606 I 2 ZPO und § 328 ZPO. (FamRZ,1956,H.2, S.39-40)

Reuss,K.F.: Die Intensitätsstufen der Abreden und die Gentlemen-Agreements. (AcP,1955,H.6, S.485-526) 10

Riedel,E.: Vom zulässigen und unzulässigen Ausforschungsbeweis. (NJW,1956,H.1, S.6-8)

Sasse,J.: Die Rechtsprechung des Bundesgerichtshofs zum Privatversicherungsrecht.(JZ,1956,H.2, S.56-57)

Sauer,W.: Beiträge zum Beweisrecht und zur Urteilsfindung.(ZZP, 1955,H.6, S.425-440) 5

Schadensersatzpflicht des Denunzianten? (NJW,1956,H.1, S.11)

Scheyhing,R.: Zum Bereicherungsanspruch nach § 951 BGB.(JZ,1956, H.1, S.14-15)

Schultz,B.: Ist die Mietaufhebungs- und Räumungsklage eine Stufenklage? (ZZP,1955,H.6, S.459-461)

Seka: Der Verwendungsanspruch in der Mietaufhebung.(JR,1955,H.12, S.37-38)

Serick,R.: Nach welchem Recht ist der Wohnsitz in §§ 13 und 16 ZPO bei Auslandsbeziehungen zu beurteilen?(ZZP,1955,H.4, S.278-301)

Siegert,K.: Allgemein anerkannte und regionale Grundsätze im Zivilprozeßrecht.(AcP,1956,H.1, S.28-49) 1

Spiegelhalter,F.: Eigentumsbildung contra Miteigentum.(AG,1956, H.1/2, S.37-40) 13

Stehle:Lebensnahe und gerechte Lohnpfändungen bei Unterhaltsschuldnern.(NJW,1956, H.5, S.167-170)

Die genossenschaftlichen Teilzahlungsbanken in 1954.(TW,1956, H.1, S.14-16)

Festsetzung der Teilzahlungsbedingungen durch die Preisbindung der zweiten Hand.(TW,1956,H.1, S.27-28)

Das Teilzahlungsgeschäft in West-Berlin im 1.Halbjahr 1955. (TW,1955,H.6, S.181-182)

Teilzahlungsvertrag und verlängerter Eigentumsvorbehalt.(TW,1956, H.1, S.29-30)

Tschischgale,M.: Nochmals zur Frage des Streitwerts in Ehesachen. (JR,1955,H.12, S.459-460)

Richtlinien für die Begutachtung gerichtlicher Vergleichsanträge durch die Industrie- und Handelskammer.(SchlHA,1956,H.1, S.9-13)

Wagner,G.: Die devisenrechtliche Genehmigung im Zivilprozeß. (JZ,1956,H.3, S.82-84) 4

Rund um den Wohnungsbau.(AG,1956,H.3, S.71-72)

Wohnungsversorgung und Mietenniveau in der Bundesrepublik. (DWW,1956,H.1, S.1-4)

Nochmals: Manipulierte Wohnwerte.(DWW,1955,H.12, S.278-279)

10.Handelsrecht,Wertpapierrecht,Urheber- u. Erfinderrecht

Alexander-Katz: Benutzung fremder Werbe-Methoden und Werbe-Ideen. (WRP,1955,H.7, S.171-175)

Auerswald,H.W.: Händlermarke und § 3 UWG.(WRP,1955,H.4,S.91-92)

Benisch,W.: Ist das Kartellverbot grundgesetzwidrig? Eine systematische Gegenüberstellung der wissenschaftlichen Standpunkte. (B,1956,H.2, S.37-40) 3

Benkendorff,G.: Freie Berufe und Kartellgesetz.(WuW,1956,H.1, S.20-31)

Benkendorff,G.: Wettbewerbsregeln im Meinungsstreit.(WRP,1955, H.10, S.259-264)

Benkendorff,G.: Die verfassungsrechtliche Zulässigkeit des Kartellverbots.(WRP,1955,H.9, S.232-235) 3

Berg,G.A.: Über die Rechtsgrundlage der vertikalen Preisbindung bei Markenartikeln.(BB,1956,H.3, S.97-100)

Beringe,von: Indisches Wirtschafts- und Steuerrecht.(RiW,1956, H.1, S.18-19) 4

Bobsin,P.: Die Benutzung von Warenzeichen außerhalb des geschäftlichen Verkehrs.(GRUR,1956,H.1, S.16-18)

Bote,H.P.: Der Eigentumserwerb bei der Ausgabe von Aktienurkunden nach der Verschmelzung zweier Aktiengesellschaften.(ZHK,1955, H.4, S.196-221)

Deringer,A.: Die kartellrechtliche Beurteilung der §§ 39 a, 41 c der Allgemeinen Deutschen Spediteurbedingungen.(NJW,1955,H.51/52, S.1897-1901)

Deringer,A.: Preisausschreiben im Wettbewerb,(WRP,1955,H.5, S.115-119)

Dermitzel,G.: Die "Zinsabkommen "und ihr Einfluß auf den Wettbewerb unter den Kreditinstituten.(WuW,1955,H.12, S.735-741)

Droste,H.: Die gegenwärtige rechtliche Situation im Zugabewesen. (WRP, 1955,H.8, S.199-201)

Ewald,H.: Zum Recht auf Aufnahme in Wirtschaftsverbände.(WRP,1955, H.6, S.146-149)

Gallois,H.: Die Zuverlässigkeit von Gutachten der Industrie- und Handelskammern über Handelsbräuche.(JR,1955,H.11, S.409-411)

Gerig:Die Feststellung von Handelsbräuchen in der Holzwirtschaft. (NJW,1955,H.51/52, S.1910-1912)

Goerke,H.: Abwerben von Personal.(WRP,1955,H.1, S.12-13)

Goerke,H.: Preisunterbietungen sittenwidrig? (WRP,1955,H.3, S. 61-62)

Greifelt,K.: Zur Reform des Wettbewerbsrechts.(WRP,1955,H.1, S.1-6)

Gröschler,A.: Deutsche Gütezeichen in weiterer Entwicklung.Gemeinschaftsarbeit und Verkehrsübung schaffen "freiwillige Gesetze". (GRUR,1956,H.1, S.21-33)

Harz,C.: Die Wettbewerbsordnung der Konsumseifenindustrie.Grundlagen, Praxis und Lehren. (WuW,1955,H.12, S.775-783)

Haussmann,F.: Die Entwicklung der Antitrust-Gesetzgebung in der Schweiz. (RiW,1956,H.1, S.6-8)

Heim,W.: Das Entladen der Güter im Güterfernverkehr.(JR,1955, H.12, S.457-459)

Hinst:Die Tätigkeit des GATT.(Allgemeines Zoll-und Handelsabkommen)(RiW,1956,H.1, S.10-12)

Jadesohn:Die handelsrechtliche Gesetzgebung 1954 in den Vereinigten Staaten. (ZHK,1955,H.4, S.222-224)

Jahns,H.: Die Ausschließlichkeitsklausel im Handel mit Ersatzteilen der Automobilindustrie. (WuW,1955,H.12, S.786-787)

Jauch,O.: Fragen zum Ost-West-Problem im Warenzeichen- und Firmenrecht. (WRP,1955,H.6, S.143-145)

Junckerstorff,K.: Amerikanische Wettbewerbsregeln.(WRP,1955,H.9, S.227-231;1956,H.1, S.5-8)

Junckerstorff,K.: Wettbewerbs-Chronik des Internationalen Wettbewerbsinstituts in Brüssel. (WuW,1955,H.12, S.753-759)

Kamin,H.: Sind die Kosten für die Änderung von Konfektion als handelsübliche Nebenleistung im Sinne der Zugabe-Verordnung anzusehen? (WRP,1955,H.9, S.239-240)

Kamin,H.: Sonderveranstaltung - Sonderangebot. (WRP,1955,H.5, S.123-124)

Stellungnahme der Arbeitsgemeinschaft der Verbraucherverbände zum Kartellgesetz.(WuW,1955,H.12, S.790-792)

Zum Kartellrecht. (Fragen des Kartellgesetzentwurfes, der Errichtung eines Bundeskartellamtes u.a.m.)(WRP,1955,H.10, S.282-286)

3

Richterspruch in Kartellsachen! (NJW,1956,H.2, S.53)

Kühne,K.: Kontrapunkte im Kartellchor.(Gew.Mon.H.,1956,H.1, S.25-32) 3

Kuhlmann, H.G.: Wann sind Vereinbarungen in Lizenzverträgen kartellrechtlich unzulässig? (B,1956,H.1, S.13-14)

Kuhn,G.: Prüfungsgesellschaften der öffentlichen Hand als Abschlußprüfer nach § 137 Abs. 2 AktG. (NJW,1956,H.2, S.45-48)

Leffson,U.: Von der Gefährlichkeit jeder Mißbrauchsgesetzgebung. (WuW,1955,H.12, S.741-752)

Lemhoefer, D.: Der Rechtsschutz der Schaufenstergestaltung.(WRP, 1955,H.4, S.87-90)

Lemhoefer, D.: Die Wirtschaftswerbung - ihr Rechtsschutz und ihre Grenzen. (WRP,1955,H.2, S.29-37)

Lepaulle,P.: Die Kartellgesetzgebung in Frankreich.(RiW,1956,H.1, S.8-10)

Müller,A.: Bemerkungen zu den beiden GEMA-Urteilen des Bundesgerichtshofes vom 18.Mai.und 24.Juni.1955. (WRP,1955,H.8,S.202-205)

Müller,W.: Drittorgane bei Personalgesellschaften? (NJW,1955, H.51/52, S.1909-1910)

Nicolini,K.: Schutz der Mode im Wettbewerbsrecht. (WRP,1955,H.3, S.57-60)

Paterna,E.: Gewerblicher Rechtsschutz. (Entscheidungsübersicht) (MDR,1956,H.2, S.79-83)

Pfanner,K.: Die Patentanmeldung Geschäftsunfähiger und Geschäftsbeschränkter. (GRUR,1955,H.12, S.556-564)

Rasch,H.: Der Begriff des Oligopols im Kartellgesetzentwurf. (WuW,1956,H.1, S.3-20)

Redding,G.: Aufsichtsrat und Interessenkollision.(NJW,1956,H.2, S.48-50) 13

Reimann,G.: Sondernachlässe und "Preisdiskriminierung". (WRP, 1955,H.7, S.179-182)

Reimann,G.: Spengler: Preisschleuderei, Preisdiskriminierung und Wettbewerbsregeln. Gedanken über eine Neuerscheinung.(Düsseldorf 1955. 35 S.)(WRP,1955,H.9, S.236-238)

Reimer,E.: Neuheitsschädlichkeit der ausgelegten Unterlagen deutscher Patentanmeldungen und eingetragener Gebrauchsmuster.(GRUR, 1956,H.1, S.3-12)

Richert,E.: Zur Mitwirkung der nicht geschäftsführungs- und nicht vertretungsberechtigten Gesellschafter (Kommanditisten) bei den Anmeldungen zum Handelsregister. (SchlHA,1955,H.12, S.350-353)

Röttger,M.: Die gemeinsame Verwendung eines Warenzeichens durch mehrere Benutzer. (GRUR,1955,H.12, S.564-569)

Rützen-Kositzkau,N.von: Zur Rechtsprechung auf dem Gebiet der Werbung. (WRP,1956,H.1, S.1-4)

Schettler: Die Umwandlung von Gesellschaften im Lichte der Rechtsprechung zur Unternehmereinheit. (UStR,1956,H.1, S.4-6)

Schlaeger,G.: Zur Gültigkeit der Wettbewerbsverordnung vom 21. Dez.1934.(WRP,1955,H.3, S.63)

Schmitz,W.: Die weitere Entwicklung der österreichischen Kartellrechtsprechung.(Teil 2)(WuW,1955,H.12, S.760-767)

Schneider, D.: Die Beschlagnahme von Importware bei Warenzeichenverletzung durch die amerikanischen Zollbehörden.(WRP,1955,H.7, S.176-178) 4

Simon,H.: Alleinstellungswerbung und vergleichende Reklame,(WuW, 1956,H.1, S.48-56)

Spengler,A.: Vertriebsbindungen heute und morgen.(WRP,1955,H.1, S.6-11)

Steiger,F.von: Kapitalerhöhung aus Gesellschaftsmitteln nach schweizerischer Doktrin und Praxis.(ZHK,1955,H.4, S.161-195)

Tetzner,H.: Einigungsämter in Wettbewerbssachen. (JR,1955,H.12, S.455-456) 2

Tetzner, H.: Export und Verkehrsgeltung. (Unlauterer Wettbewerb) (GRUR,1956,H.1, S.18-21)

Vertikale Preis-, Geschäfts- und Vertriebsbindungen bei Markenwaren. Übersicht über neuere Rechtsprechung und Schrifttum. (WuW,1956,H.1, S.70-72)

Viedebantt,J.: Die Kundenzeitschrift. Ein Bericht zur Rechtslage. (WRP,1955,H.2, S.38-39)

Völp,F.: Die Einrede des freien Standes der Technik und ihr Verhältnis zur Einrede der völligen Vorwegnahme des Klagpatents. (GRUR,1956,H.1, S.12-15)

Völp,F.: Probleme des Rechts am Gewerbebetrieb. (WuW,1956,H.1, S.31-43) 3

Volmer, B.: Der neue Regierungsentwurf eines Gesetzes über Arbeitnehmererfindungen. (RdA,1955,H.12, S.451-454) 13

Weber,R.H.: Umstrittene Preisbindung bei Markenartikeln.(WRP,1955, H.10, S.265-267)

11.Familienrecht

Herminghausen: Zur Gleichberechtigung von Mann und Frau im Höferecht. (NJW,1955,H.50, S.1867-1868)

Müller,W.: Die Verurteilung eines Mündels zur Leistung (insbes. zur Abgabe einer Willenserklärung) und das Erfordernis der vormundschaftsgerichtlichen Genehmigung. (FamRZ,1956,H.2, S.44-46)

Potrykus, G.: Zur Haftung des Amtsvormundes. (RdJ,1956,H.3,S.33-35) 3

12.Internationales Privatrecht

Domke,M.: Deutsche Rechtsfragen vor amerikanischen Gerichten 1955. (NJW,1956,H.4, S.132-133)

Eisemann,F.: Der Entwurf der Vereinten Nationen für ein internationales Abkommen über die Anerkennung und Vollstreckung ausländischer Schiedssprüche. (RiW,1956,H.1, S.3-5)

Grimm, W.: Internationales Einheitskaufrecht? (RiW,1956,H.1,S.1-2)

Hoffmeyer,V.: Das IPR-Problem der Vorfrage im Entschädigungsrecht. (NJW,1956,H.3, S.92-94)

Reithmann,Ch.: Zur Auslegung von Auslandsverträgen.(RiW,1956,H.1, S.15-18)

13.Arbeitsrecht (einschließlich Verfahren)

Verkürzte Arbeitszeit bei Bayer. (AG,1956,H.3, S.69-70)

Baresel, W.: Die Rechtsprechung des Bundessozialgerichtes zur Unfallversicherung. (BArbBl.,1956,H.1, S.11-13)

Bargheer,H.: Zur dynamischen Rente. (AG,1956,H.3, S.87-88)

Becker,R.: Gesetzlicher Arbeitsschutz in der Seefahrt.(ArbuR,1955, H.12, S.364-369)

Böhmer,E.: § 898 RVO schließt Sachschadensersatzansprüche gegen den Betriebsunternehmer nicht aus. (MDR,1956,H.2, S.77)

Boettcher,E.: Prinzipien der Sozialreform. (Gew.Mon.H.,1956,H.2, S.92-99)

Boettcher,E.: Die Sozialreform - ein unlösbares Problem? (N.Gesellschaft,1956,H.1, S.16-25) 1

Bogs,W.: Autonomie und verbandliche Selbstverwaltung im modernen Arbeits- und Sozialrecht. (RdA,1956,H.1, S.1-9)

Bohl,H.: Neue Sozialgesetze - neue Begriffsverwirrung.(Zur AVAVG-Novelle)(Soz.Sicherh.,1956,H.1, S.9-10)

Boltë,K.M.: Strukturwandel der Gesellschaft und soziale Reformen. (Gew.Mon.H.,1956,H.2, S.86-91) 1

Brodhun,G.: Betrieb im Sinne des Rechts der Kurzarbeiterunterstützung. (RdA,1955,H.12, S.463-464)

Bungert,K.: Rentenerhöhung! - Aber wie? (Soz.Sicherh.,1955,H.11, S.327)

Dritter Verbandstag des DHV. (Deutscher Handels- und Industrie-Angestellten-Verband;Jan.1956 in Berlin, Bericht)(AG,1956,H.3, S.78-79)

Ehrenberg,H.: Die Löhne in der Hochkonjunktur.(Gew.Mon.H.,1955, H.12, S.741-744)

Fristlose Entlassung eines KP-Betriebsratsmitglieds. Urteil des BAG vom 13.Jan.1956- 1 AZR 167/55.(AG,1956,H.4, S.134)

Essling,H.: Rechte des Arbeitgebers bei Arbeitsvertragsbruch. (B,1955,H.50, S.1188-1190)

Fehrs,D.: Die gesetzliche Unfallversicherung im Jahre 1954. (BArbBl.,1956,H.2, S.53-57)

Fitting,K.: Die Novelle zum Arbeitsgerichtsgesetz vom 2.Dez.1955. (RdA,1956,H.1, S.9-13)

Frey,E.: Zur Änderung des Arbeitsgerichtsgesetzes.(ArbuR,1956, H.1, S.14-16)

Frey,E.: Schadenersatzpflicht bei rechtswidrigem Streik.(ArbuR, 1955,H.12, S.361-363)

Gamillscheg,F.: Zu einigen Fragen des internationalen Arbeitsrechts. (AcP,1956,H.1, S.49-72)

Gassert,G.: Die Pläne Dr.Blüchers.("Altersvorsorge")(ASP,1956, H.1, S.6-9)

Gaul,D.: Inhalt und Grenzen der Weisungsbefugnis des Arbeitgebers bei einer beabsichtigten Versetzung des Arbeitnehmers.(B,1956, H.2, S.45-46)

Gehrhardt,H.: Alters- und Hinterbliebenenversorgung von Betriebsangehörigen durch Lebensversicherung.(ASP,1956,H.1, S.12-14)

Die Gespräche der Sozialpartner im Jahre 1955.(RdA,1956,H.1, S.18-19)

Grell,D.: Arbeitsrechtliche Bestimmungen in der Wehrgesetzgebung. (RdA,1955,H.12, S.447-451)

Grotkamp,G.: Selbstvorsorge oder Staatsbürgerversorgung?(ASP,1956, H.1, S.9-12)

Gumpert,J.: Kündigung vor Beginn des Kündigungsschutzes.(BB,1956, H.3, S.114-115)

Haueisen: Der Verfahrensmangel als Revisionsgrund im sozialgerichtlichen Verfahren.(NJW,1955,H.50,S.1857-1861)

Heimann,E.: Gerichtliche Festsetzung einer Entschädigung bei Arbeitsvertragsbruch.(BB,1956,H.2, S.82-83)

Hilger, M.L.: Mitbestimmungsrecht und Mitbeurteilungsrecht des Betriebsrates. Unbestimmter Begriff und Normenvollzug.(BB,1956, H.1, S.10-15)

Höcker,L.: Tarifvertrag und Betriebsvereinbarung in sozialen Angelegenheiten. §§ 56 ff Betr.VG. (RdA,1956,H.1, S.17-18)

Jaerisch:Aus der neueren Rechtsprechung des Bundesarbeitsgerichts zum Kündigungsschutzrecht und zum Betriebsverfassungsrecht. (JR,1955,H.12, S.451-455)

Jarchow,H.: Zur Anwendbarkeit des § 205 d RVO. (Familienwochenhilfe) (NJW,1956,H.3, S.91-92)

Jerosch,W.: Selbstverantwortung und soziale Sicherheit.(Soz.Sicherh., 1956,H.1, S.2-6)

Die 130.Tagung des Verwaltungsrates der Internationalen Arbeitsorganisation.(BArbBl.,1956,H.2, S.60-61)

Italienische Arbeiter auf dem deutschen Arbeitsmarkt.(AG,1956, H.1/2, S.16-17)

Jung,G.: Umfang der Pflicht zur Beschäftigung Schwerbeschädigter. (B,1956,H.3, S.66-67)

Kampschulte: Erfahrungen aus der Praxis der Erfolgsbeteiligung. (GA,1956,H.1/2, S.33-37) 9

Koch,H.H.: Zu den Ergebnissen der Oktobertagung des Beirats für die Neuordnung der sozialen Leistungen in Unkel am Rhein. (BArbBl.,1955,H.23, S.1055-1059)

Ladenschluß noch ungeklärt. (AG,1956,H.3, S.72)

Lepinski,F.: Beirat und Krankheitsverhütung.(Soz.Sicherh.,1955, H.11, S.322-323)

Lepinski,F.: Zur Neuordnung der Krankenversicherung.(Soz.Sicherh., 1955,H.11, S.339-342)

Leser,H.: Die Verfallklausel im Baugewerbe (Zu § 9 RTV Bau). (ArbuR,1955,H.12, S.356-361)

Liefmann-Keil,E.: Bemerkungen zu zwei Vorschlägen von Arbeitgebervereinigungen zur Altersversicherung.(AG,1956,H.3, S.91-94)

Lücking,K.: Hoheitsrechtliche Befugnisse der Bundesanstalt für AV und AV. (Soz.Sicherh.,1956,H.1, S.14-18)

Manderschied,L.: Die Ansprüche von Leiharbeitern und deren Hinterbliebenen bei Unfällen. (Soz.Sicherh.,1956,H.1, S.10-12)

Manderschied,L.: Was bringt die Novelle zum AVAVG ? (Soz.Sicherh., 1956,H.1, S.12-14)

Mayer-Maly: Zur Rechtsnatur des Tarifvertrages.(RdA,1955,H.12, S.464-465)

Mehring,J.;G.Röper: Was kosten Soziale Rentenversicherungs-Einrichtungen? (Sozialreform)(ASP,1956,H.1, S.1-6)

Meissinger,H.: Die Globalverflechtung des Arbeitsrechts (ArbuR, 1956,H.1, S.1-5) 1

Meissinger, H.: Kommunisten im Betriebsrat.(B,1956,H.4, S.89-90)

Minta,H.: Abwerbung - Ein neues Schlagwort. (Soz.Sicherh.,1955, H.11, S.332-333)

Juristentag und Mitbestimmung. (AG,1956,H.1/2, S.14)

Möller,F.: Der "Produktivitätsfeldzug" in Westdeutschland und die Interessen der Arbeiter. (Wissen und Tat,1956,H.1, S.25-35)

Müller,H.: Fortzahlung des Lohnes bei Erkrankung.(ArbuR,1955, H.12, S.353-356)

Müller,H.: Die Vorzüge einer Dynamisierung der Altersrente im Sinne des Schreiber-Planes und ihre konjunkturellen Gefahren. (AG,1956,H.1/2, S.40-42)

Neuordnung der sozialen Leistungen. Ergebnisse der Arbeitstagung des Beirats für die Neuordnung der sozialen Leistungen am 3.und 4.Okt.1955 in Unkel am Rhein. (BArbBl.,1955,H.23, S.1038-1039)

Oehmann,W.: Nachprüfung von Pfändungs- und Überweisungsbeschlüssen durch die Arbeitsgerichte.(ArbuR,1956,H.1, S.16-21) 9

Orda,K-H.: Das Sonderzulagen-Gesetz (SZG). (BArbBl.,1956,H.1, S.23-25)

Popp,L.G.: Die Bedeutung der Organisationsvorschriften des Personalvertretungsgesetzes für die bis zur Personalratswahl amtierenden Betriebsräte.(ArbuR,1955,H.12, S.373-376) 3

Preller,L.: Sozialreform in sozialistischer Sicht.(N.Gesellschaft, 1956,H.1, S.3-15) 1

Rebensburg,H.: Über das Streikrecht.(Referat)(DJ,1955,H.6, S.174-179) 5

Rehhahn,H.: Zur Frage der Frauenlöhne.(Gew.Mon.H.,1955,H.12, S.745-751)

Grundsätzliche Fragen zur Einlegung von Revisionen beim Bundessozialgericht (BSG).(Soz.Sicherh.,1956,H.1, S.25-26)

Rick,W.: Zur Abgeltung von persönlichen Aufwendungen von Betriebsratsmitgliedern.(ArbuR,1956,H.1, S.12-14)

Savaète,Eu.: Der Vertragsbruch beim gewerblichen Arbeits- und Lehrvertrag.(ArbuR,1956,H.1, S.5-12)

Erste Bilanz des neuen Schlichtungssystems in Frankreich.(AG, 1956,H.1/2, S.20-21)

Schmöe: Wird der Unternehmer eines Betriebes infolge der Haftungsausschlußvorschrift des § 898 RVO generell von einer Schadensersatzpflicht, insbesondere aus § 845 und § 847 BGB, befreit? (FamRZ,1956,H.2, S.40-44) 2

Schneider,A.: Das System der niederländischen Krankenversicherung. (Soz.Sicherh.,1956,H.1, S.18-21)

Schneider, W.: Arbeitslosenunterstützung im Zeichen moderner Theorie. (Gew.Mon.H.,1956,H.2, S.100-103)

Schneider,W.K.: Stehen betriebliche Gemeinschaftsveranstaltungen unter gesetzlichem Unfallversicherungsschutz? (Soz.Sicherh.,1955, H.12, S.367-368; 1956,H.1, S.21-22)

Schregle,J.: Ausländische Arbeitsgesetzgebung. (Jugoslawien, Liechtenstein,Luxemburg,Malta,Monaco,Niederlande,Norwegen,Österreich)(RdA,1955,H.12, S.468-469;1956,H.1, S.28-29)

Schroeder-Printzen,G.: Zur Problematik der Zweijahresfrist nach § 609, § 1585 Abs.2 RVO. (Soz.Sicherh.,1955,H.11, S.333-337)

Schubert,H.-J.: Betriebsparkplätze für Arbeitnehmer-Kraftfahrzeuge? (AG,1956,H.4, S.131-133)

Schulze, G.: Über die soziale und kulturelle Lage der Arbeiterjugend in der Bundesrepublik.(Wissen und Tat,1956,H.1, S.61-70)

Siebert,W.: Einige Grundgedanken des gegenwärtigen Arbeitsrechts. (RdA,1956,H.1, S.13-17)

Siebert,W.: Grundfragen der Akkordfestsetzung - Arbeitsvertrag und Mitbestimmung.(BB,1956,H.1, S.46-49)

Sieg,K.: Wesen und Geltung der Betriebsübung.(RdA,1955,H.12, S.441-444)

Sommer: Bundestarifvertrag und Landesgesetz.(RdA,1956,H.1, S.26-27)

Der Stand der Sozialarbeit in der Montan-Union.(AG,1956,H.1/2, S.11-12)

Wirtschaftswunder und Sozialpolitik. (Soz.Sicherh.,1956,H.1, S.1-2)

Sozialpolitik 1955. Aus dem Rechenschaftsbericht des Bundesministeriums für Arbeit. (BArbBl.,1956,H.1, S.14-23)

Sozialpolitik des Europarates. (RdA,1956,H.1, S.25-26) 2

Deutscher Krankenkassentag 1955. (Bericht insbesondere zur Sozialreform)(Soz.Sicherh.,1955,H.11, S.338-339)

Die "Soziale Studienkommission" zur Sozialreform. (AG,1956,H.4, S.135-137)

Spiegelhalter, F.: Um eine lohnpolitische Sprachregelung.(AG, 1956,H.4, S.122-127)

Steidl,J.: Die Streiks von Hamburg und Kassel und ihre Lehren. (Wissen und Tat,1955,H.11/12, S.24-32)

Stempell,H.: Die Sozialreform. (Soz.Sicherh.,1956,H.1,S.27-29)

Das Bayerische Oberste Landesgericht zu Streik und Strafrecht. Streikposten müssen Arbeitswilligen Zugang zur Arbeitsstelle freilassen. (AG,1956,H.4, S.134)

Thiele,W.: Form der Rechtsmittelbelehrung (§ 9 Abs. 4 ArbGG). (ArbuR,1955,H.12, S.370-371)

Tietz, G.: Die Entwicklung des Beitragsrechts in der Invalidenversicherung und ihr Einfluß auf die Höhe der heutigen Renten. (BArbBl.,1955,H.23, S.1063-1067)

Vorschläge der Studienkommission des Deutschen Juristentages zur Reform des Unternehmens- und Mitbestimmungsredhts in Großunternehmen.(RdA,1956,H.1, S.22-25) 10

Gesetz zum Übereinkommen Nr.98 der Internationalen Arbeitsorganisation vom 1.Juli 1949 über die Anwendung der Grundsätze des Vereinigungsrechtes und des Rechtes zu Kollektivverhandlungen. (BArbBl.,1956,H.2, S.39)

Grundsätze des Vereinigungsrechts und des Rechts zu Kollektivverhandlungen .(BArbBl.,1956,H.2, S.59-60)

Wagner,K.: Das Klagensystem in dem Sozialgerichtsgesetz.(NJW, 1956,H.4, S.128-130)

Wegener,F.K,: Dreierlei Recht in der sozialen Krankenversicherung! (AG,1956,H.4, S.127-129)

Weil,R.: Die Regelung des Urlaubs im Ausland.(AG,1956,H.1/2, S.27-31)

Woynar,K.: Kostenrechtliches aus der Sozialgerichtsbarkeit. (NJW,1956,H.4, S.132)

14.Juristische Ausbildungs-undPrüfungsfragen

Bullinger, M.: Die neue Justizausbildungsordnung für Baden-Württemberg.(NJW,1956,H.1, S.12-13)

Gerber,H.: Das neue österreichische Hochschul-Organisationsgesetz. (DVBl.,1955,H.23, S.767-770; H.24, S.807-810)

Hirschmann: Die Gestaltung der einheitlichen Ausbildung für den höheren Justiz- und Verwaltungsdienst in Schleswig-Holstein seit 1945. (SchlHA,1956,H.1, S.1-3)

Arbeitskreis für Fragen der Juristenausbildung. (JZ,1956,H.1, S.15)

Luther,G.: Studium und Richterlaufbahn in Italien.(JZ,1956,H.3, S.84-86)

Röder,K.: Der Wirtschaftswissenschaftler im höheren Verwaltungsdienst. (DÖV,1998,h.2, S.46-48)

15.Sonstiges

Präsidiumstagung der Arbeitsgemeinschaft Demokratischer Juristen. (3.-4.Dez.1955 in Düsseldorf) Kommuniqué. (DJ,1955,H.6, S.173)

Bericht über die Diskussion. (Präsidiumstagung der Arbeitsgemeinschaft Demokratischer Juristen 3.-4.Dez.1955 in Düsseldorf) (DJ,1955,H.6, S.186-188)

41. Deutscher Juristentag in Berlin.(Bericht) (JR,1955,H.11, S.417-418)

Jacobi,E.: Walter Jellinek als Wissenschaftler.(DÖV,1956,H.2, S.33-38)

Nordmann,J.: Begrüßungsschreiben des Generalsekretärs der Internationalen Vereinigung Demokratischer Juristen.(An die Präsidiumstagung der Arbeitsgemeinschaft Demokratischer Juristen 3.-4.Dez. 1955 in Düsseldorf) (DJ,1955,H.6, S.186)

Stein,H.: Über die Tätigkeit der Arbeitsgemeinschaft Demokratischer Juristen seit der letzten Präsidiumstagung. (Bericht)(DJ,1955,H.6, S.183-186)

C. 5.(15.) VERZEICHNIS DER NEUERWERBUNGEN DER BIBLIOTHEK DES DEUTSCHEN INSTITUTS FÜR RECHTSWISSENSCHAFT 1)

I. ALLGEMEINES

1. Allgemeine und bibliographische Nachschlagewerke, Wörterbücher, Buch- und Bibliothekswesen

Bibliographie der versteckten Bibliographien aus deutschsprachigen Büchern und Zeitschriften der Jahre 1930-1953. Bearb.v.d. Deutschen Bücherei. Leipzig 1956. 365 S. I Eb 323

Handbuch der demokratischen Presse. Hrsg.vom Verband der Deutschen Presse. Berlin 1955. 238 S. I Ea 11942

Handbuch des Hessischen Landtags. Hrsg.vom Büro des Landtages. 3. Wahlperiode. Wiesbaden 1955. 220 S. II Ea 13029

Jéraute, J.: Vocabulaire français-anglais et anglais-français de termes et locutions juridiques. Paris 1953. 414 S. V Ea 13346

Landheer, B.; I.L.F.van Essen: Recognition in international law. Leyden 1954. 28 S. V Ea 11959

Deutsches Industrieinstitut. Bibliographie zur Mitbestimmung und Betriebsverfassung. Bearb.von A.Hockstein-Rasch. Köln 1955. 273 S. II Eb 322

Bibliographie zur Theorie und Praxis der sozialistischen Wirtschaft. Hrsg.vom Zentralinstitut f.Bibliothekswesen. Leipzig 1955. 104 S. I Ea 11940

BGH-Index für Zivilsachen. Verzeichnis der veröffentlichten Entscheidungen des Bundesgerichtshofes in Zivilsachen mit den Fundstellen in den großen juristischen Zeitschriften. Stand vom 1.Jan. 1955. München, Berlin 1955. 48 S. II Ea 12873

2. Biographien

Wilhelm Pieck. Bilder und Dokumente aus dem Leben des ersten deutschen Arbeiterpräsidenten. Mit e.Vorwort von W.Ulbricht. Hrsg.vom Marx-Engels-Lenin-Stalin-Institut. Berlin 1955. 430 S. I Eb 310

1) Die hier angezeigte Literatur ist gemäß der Benutzungsordnung der Bibliothek des Deutschen Instituts für Rechtswissenschaft für die Mitglieder des Deutschen Instituts für Rechtswissenschaft, Ministerien und zentrale Institutionen der Deutschen Demokratischen Republik und nach der Leihverkehrsordnung der Bibliotheken ausleihfähig. - Verzeichnis 1 - 10 ist enthalten im Mitteilungsblatt des Deutschen Instituts für Rechtswissenschaft 1953, Nr.1 - 1955, Nr.3.

Arthur Schopenhauer. Von Haym, Kautsky, Mehring u.Lukács. Berlin 1956. 270 S. I Ea 13168

3.Marxismus-Leninismus (allgemein)

Archipcev,F.T.:(Über das Werk V.I.Lenins "Materialismus und Empiriokritizismus", russ:) O proizvedenii V.L.Lenina "Materializm i empiriokriticizm." Moskau 1955. 38 S. III Ea 12645

Engels,F.: Grundsätze des Kommunismus. Anh.: Aus der Entstehungszeit des "Kommunistischen Manifestes".Vorwort u.Anm.von H.Matern. Besorgt vom Marx-Engels-Lenin-Stalin-Institut beim ZK der SED. Berlin 1955. 83 S. I Ea 10870

Kammari,M.D.: Der Marxismus-Leninismus über die Rolle der Persönlichkeit in der Geschichte. Mit e.Anh.: Das Volk als Schöpfer der Geschichte. (Aus dem Russ-übers.) Berlin 1955. 558 S. I Ea 13164

(Statut der Kommunistischen Partei der Sowjetunion russ.:) Ustav kommunističeskoj partii sovetskogo sojuza.Moskau 1952. 29 S. III Ea 11489

Konstantinow,F.W.: Über Basis und Überbau.(Aus dem Russ.übers.) 3.Aufl. Berlin 1955. 56 S. I Ea 13188

Kornejew,M.N.: Der historische Materialismus.(Aus dem Russ.übers.) Berlin 1955. 31 S. I Ea 13116

Koslowski,W.: Antagonistische und nichtantagonistische Widersprüche. (Aus dem Russ.übers.) Berlin 1956. 95 S. I Ea 13166

Lenin,V.I. (Über die Arbeit des sowjetischen Staatsapparates, russ:) O rabote sovetskogo gosudarstvennogo apparata. Moskau 1955. 272 S. III Ea 12674

Lenin,V.I.: Die Sowjetmacht und die Lage der Frau. - Der internationale Frauentag.(Aus dem Russ.übers.) Moskau 1955. 9 S. III Ea 11937

Lenin,V.I.: Werden die Bolschewiki die Staatsmacht behaupten? 2.Aufl. (Aus dem Russ.übers.) Berlin 1956. 64 S. I Ea 13114

Mao Tse-Tung:Ausgewählte Schriften. Bd.1.2. (Aus dem Russ.übers.) Berlin 1956. Bd 1: 479 S. Bd 2: 320 S.

Marx,K.; F.Engels: Die Revolution von 1848. Auswahl aus der "Neuen Rheinischen Zeitung". 4.Aufl. Berlin 1955. 355 S. I Ea 13123

Marx,K.; F.Engels: (Über die Religion, russ.:) O religii. Moskau 1955. 303 S. III Ea 13240

Petrov,J.: (Der 6.Kongress der RSDRP (b),russ.:) Šestoj s-ezd RSDRP (b). Moskau 1955. 115 S. III Ea 13038

Timofeevskij,A.: (Über die Arbeit J.W.Stalins: In Kürze über die Meinungsverschiedenheiten in der Partei, russ.:) O rabote I.V. Stalina << korotko o partijnych raznoglasijach.>> Moskau 1955. 39 S. III Ea 11553

Tropkin,N.V.: (Über die Grundlagen von Strategie und Taktik des Leninismus, russ.:) Ob osnovach strategii i taktiki leninizma. Moskau 1955. 47 S. III Ea 12644

Volkov,I.M.: (Das Statut der Kommunistischen Partei der Sowjetunion, das Grundgesetz des Parteilebens, russ.:) Ustav kommunisticeskoj partii sovetskogo sojuza-osnovnoj zakon partijnoj žizni, Moskau 1955. 53 S. III Ea 12662

Friedrich Engels über den bewaffneten Volkskampf. Berlin 1956. 80 S. I Ea 13280

4.Philosophie,Wissenschaft von der Gesellschaft,Wissenschaft im allgemeinen

Grundpositionen der französischen Aufklärung. Berlin 1955. 386 S. I Ea 11923

Baader,F.v.: Über den Begriff der Zeit. Über den Zwiespalt des religiösen Glaubens und Wissens als die geistige Wurzel des Verfalls der religiösen u.polit.Societät in unserer wie in jeder Zeit. Sonderausgabe. Darmstadt 1954. 63 S. II Ea 13353

Campanella,T.: Der Sonnenstaat. Idee eines philosophischen Gemeinwesens. (Aus dem Latein.übers.) Berlin 1955. 142 S. I Ea 13290

Chaßchatschich,F.I.: Materie und Bewusstsein. (Aus dem Russ. übers.) 2.Aufl. Berlin 1956. 287 S. I Ea 13227

Ell,J.: Der Existenzialismus in seinem Wesen und Werden. Bonn 1955. 152 S. II Ea 11460

Gajdukov, Ju.G.: (Die Rolle der Praxis im Prozeß der Erkenntnis, russ.:) Rol'praktiki v processe poznanija. Moskau 1955. 30 S. III Ea 12650

Hessen,J.: Thomas von Aquin und wir. München, Basel 1955. 145 S. II Ea 13334

Jang Ching-Schun: Der chinesischen Philosoph Laudse und seine Lehre. (Aus dem Russ.übers.) Berlin 1955. 136 S. I Ea 13077

Mende,G.: Studien über die Existenz-Philosophie. Berlin 1956. 232 S. I Ea 13278

Montesquieu,Ch.: (Ausgewählte Werke, russ.:) Izbrannye proizvedenija. Moskau 1955. 799 S. III Ea 13252

Monzel,N.: Geburtsstände und Leistungsgemeinschaften in der katholischen Soziallehre d.Mittelalters und der Gegenwart. Bonn 1953. 39 S. II Ea 13094

Nikolaeva,L.V.: (Über die Notwendigkeit und die Freiheit,russ.:) O neobchodimosti i svobode. Moskau 1955. 38 S. III Ea 12656

Pavelkin,P.A.: (Der Gegensatz der wissenschaftlichen und der religiösen Weltanschauung, russ.:) Protivopoložnost'naučnogo i religioznogo mirovozzrenija. Moskau 1955. 31 S. III Ea 12655

Rousseau,J.J.: Über den Ursprung und die Grundlagen der Ungleichheit unter den Menschen. (Aus dem Französ.übers.) Berlin 1955. 176 S. I Ea 11930

Selsam,H.: Sozialismus und Ethik. (Aus dem Engl.übers.) Berlin 1955. 192 S. I Ea 13079

Soziologie.Ein Lehr- und Handbuch zur modernen Gesellschaftskunde. Hrsg.v.A.Gehlen,u.H.Schelsky. Düsseldorf, Köln 1955. 351 S. II Ea 11467

(Der Plan der USA zur Eroberung der Wissenschaft.Mit e.Nachwort von G.Cogniota, tschech.:) Plan USA jak se zmocnit vedy. S doslovem G.Cogniota.(Aus dem Französ.übers.) Prag 1954. 77 S. IV Ea 11671

5.Politische Ökonomie

Kuczynski,J.: Die Theorie der Lage der Arbeiter. 3.verb.Aufl. Berlin 1955. 233 S. I Ea 13178

Zur ökonomischen Politik der Sozialistischen Einheitspartei Deutschlands und der Regierung der Deutschen Demokratischen Republik. Zusammenstellung von Beschlüssen der SED sowie Gesetzen u.Verordnungen d.Regierung der DDR, 11.Juni 1945-21.Juli 1955. Berlin 1955. 828 S. I Ea 13078

Protokoll der Theoretischen Konferenz des Instituts für Wirtschaftswissenschaften bei der Deutschen Akademie der Wissenschaften zu Berlin v.11.bis 14.3.55 zu dem Thema: Die Uebergangsperiode vom Kapitalismus zum Sozialismus in der DDR. Berlin 1955. 148 S. I Ea 13184

II. RECHTSWISSENSCHAFT

1.Gesetzesmaterialien und Dokumente (auch Verfassungen und Kurzkommentare)

Documents on American foreign relations 1953. Ed.by P.V.Curl. New York 1954. 458 S. V Ea 11904

Antitrust Laws with amendments 1890-1951. Compiled by E.A.Lewis. Washington 1955. 106 S. V Ea 12846

(Die wichtigsten Gesetze über die Arbeit der Arbeiter und der übrigen Angestellten, tschech.:) Základné zákonodarne akty o práci robotnikov a ostatných zamestancov. Bratislava 1955. 142 S. IV Ea 12840

A proposed Act to amend the atomic energy act of 1946. Washington 1954. 44 S. V Ea 12845

Baugewerbliche Betriebsverfassung. Erl.von C.Geerling. Düsseldorf 1953. 285 S. II Ea 13024

Bode-Siegmund - Dietl: Das Recht der Vertriebenen, Flüchtlinge und Kriegsgeschädigten. Stuttgart, Köln 1954-1955. Loseblattausg. II Ea 13161

Bundesbesoldungsrecht.Mit Erl.bes.zur Feststellg d.geltenden Rechts auch f.d.Landesrecht. Von H.Bursche u.H.Woothke. Köln, Berlin 1955. 462 S. II Ea 13085

Bundesmietengesetz. Komm.von H.Roquette. München 1955. 437 S. II Ea 13089

Das erste Bundesmietengesetz vom 27.Juli 1955. Erl.von E.Fiedler. 2.Aufl. Berlin 1955. 152 S. II Ea 11961

Copyright Law of the United States of America. Bulletin No 14. (Revised to Jan.1,1953) Washington 1953. 44 S. V Ea 12844

Dietz,R.: Betriebsverfassungsgesetz mit Wahlordnung. 2.durchgearb.Aufl. München, Berlin 1955. 240 S. II Ea 13546

(Familiengesetzbuch. Kommentar, poln.:) Kodeks rodzinny.Komentar. Warschau 1955. 568 S. V Ea 12829

Forssius,G.: Le Code suedois du mariage. (Textes legislatifs in vigneur le 1er oct. 1954) Paris 1955. 93 S. V Ea 13070

Füßlein, R.: Deutsche Verfassungen.Grundgesetz und deutsche Landesverfassungen. 2.erg.Aufl. Berlin, Frankfurt a.M. 1955. 352 S. II Ea 13540

Hartnick,K.;O.Schmack: Das Sozialversicherungsrecht. Nach dem Stand vom 31.Aug.1955. Berlin 1955. 306 S. I Ea 13196

Das Urteil im IG-Farben-Prozess. Der vollständige Wortlaut mit Dokumentenanh. Offenbach 1948. 184 S. II Ea 13071

The Trial of German major war criminals.Proceedings of the International Military Tribunal sitting at Nuremberg, Germany...Taken from the official transcript. Publ.under the authority of H.M. Attorney-General by His Majesty's Stationary Office. P.1-23. Nebst: Judgement of the International Military Tribunal for the Trial of German war criminals 1946.Misc.No 12.Speeches of the prosecutors for the US 1946. London 1946. 25 Bde V Ea 13214

Internationale Arbeitskonferenz. Übereinkommen und Empfehlungen 1919-1952. Genf 1954. 913 S. V Ea 13204

Jugendgerichtsgesetz mit den ergänzenden Rechts- und Verwaltungsvorschriften des Bundes und der Länder. Komm.von W.Dallinger u. K.Lackner. München, Berlin 1955. 1158 S. II Ea 11914

Kalte Krieger gehen unter. Dokumentarisches Material über die verbrecherische Tätigkeit der Kampfgruppe gegen Unmenschlichkeit. Berlin 1955. 63 S. I Ea 13165

Das Kraftfahrzeugsteuergesetz mit Durchführungsbestimmungen unter Berücks.d.Ergänzgn u.Aendergn. Stand vom 1.Nov.1955.Berlin 1955. 74 S. I Ea 13075

Landpachtrecht. Das Landpachtgesetz u.die übrigen Vorschriften über d.Verpachtung landwirtschaftlicher Grundstücke. Komm.von R.Lange u.H.Wolff. 2.Aufl. München,Berlin 1955. 198 S. II Ea 13088

Compilation of laws relating to mediation conciliation, and arbitration between employers and employees. Laws disputes between carriers and employers and subordinate officials under labor board. Eight-hour laws. Employers'Liability laws. Labor and child labor laws. Washington 1955. 943 S. V Ea 12833

Entwurf zu einem Gesetz zur Sicherung des Leistungswettbewerbs und zu einem Gesetz über das Monopolamt. Frankfurt/M. 1949. 132 S. II Eb 706

Miet-,Wohn- und Wohnungsbaurecht mit preisrechtlichen Vorschriften unter Berücksichtigung des Rechts der Länder. Stand vom 1. Nov.1955. Textsammlg. 11.neubearb.Aufl. München, Berlin 1955. 515 S. II Ea 13090

Palandt,O.: Bürgerliches Gesetzbuch. 15.neubearb.Aufl.München, Berlin 1956. 2065 S. II Ea 13543

Zusammenstellung der neben den Veranlagungsrichtlinien 1954 bei der Veranlagung der privaten Wirtschaft für 1955 anzuwendenden Anordnungen und Anweisungen. Berlin 1956. 47 S. I Ea 13195

(Materialien zur Geschichte des "Vierjährigen Sejm", Bd 1, poln.:) Materialy do dziejów sejmu czterjoletniego. Tom 1. Wrocław 1955. 675 S. IV Ea 13081

Siegler,H.von: Die politischen,wirtschaftlichen und militärischen Zusammenschlüsse des Westens. Die Vereinten Nationen. Die afrikanisch-asiatischen Zusammenschlüsse. Das Paktsystem des Ostblocks. 2.erw.Aufl. Stand vom 1.Aug.1955. Essen, Wien, Zürich 1955. 26 S. II Eb 321

Siljanovski,D.;Ž.Stalev: (Zivilprozeß,Bd.2, bulg.:) Graždanski proces T.2. Sofia 1955. 599 S. IV Ea 12687

Aktionsprogramm der Sozialdemokratischen Partei Deutschlands. Beschlossen auf dem Dortmunder Parteitag am 28.Sept.1952. Mit e. Vorwort von K.Schumacher. Bonn 1952. 39 S. II Ea 13028

Bestimmungen über die Versicherungs- und Beitragspflicht zur Sozialversicherung für Lohnempfänger,Bauern,Handwerker u.andere Pflichtversicherte. Hrsg.im Auftr.d.Ministeriums d.Finanzen,Abgabenverwaltg.3.überarb.Aufl. Stand vom 1.Sept.1955.Berlin 1955. 180 S. I Ea 13191

Staatsvertrag UdSSR - DDR. Reden und Dokumente. Gesetz zur Ergänzung der Verfassung der DDR. 9.Sitzung d.Volkskammer am 26.Sept. 1955. 85 S. I Ea 13193

The United States of America Labor Management Relations Act (Taft-Hartley-Act 1947). Das Gesetz über die Beziehungen zwischen Arbeitnehmern und Arbeitgebern in den Vereinigten Staaten von Nordamerika (Taft-Hartley-Gesetz 1947) unter Einbezug d.Novelle von 1951 übers.u.m.e.Einf.versehen von E.Messmer. Zürich 1954. 80 S. V Ea 11905

United States Statutes at large containing the laws and concurrent resolutions enacted during the 2 nd session of the 79 Congress of the United States of America 1946. Washington 1947. 1102 S. II Eb 721

United States Treaties and other international agreements.Vol.2, P.2; Vol.3,P.1. Washington 1952: Vol.2,P.2: S.1228-2589 Vol.3,P.1: 15o5 S. II Eb 722

Die Verfassung der Deutschen Demokratischen Republik. Berlin 1955. 6o S. I Ea 11955

(Die Verfassung der Russischen Sozialistischen Föderativen Sowjetrepublik,russ.:) Konstitucija rossijskoj sovetskoj federativnoj socialističeskoj respubliki. Moskau 1955. 33 S. III Ea 13o55

(Vorschriften für die technische Bewirtschaftung der Wohngebäude, russ.:) Pravila techničeskoj ėkspluatacii žilych zdanij. Moskau 1955. 136 S. III Ea 13o46

Gesetz über das Wohnungseigentum und das Dauerwohnrecht. (Wohnungseigentumgesetz mit d.Richtlinien f.d.Baubehörden u.d. Grundbuchverfügung.) Erl.von J.Bärmann. München,Berlin 1951. 197 S. II Ea 13o97

(Der Entwurf des Zivilgesetzbuches der Volksrepublik Polen. 1. Allg.Teil,poln.:) Projekt kodeksu postepowania cywilnego polskiej rzeczypospolitej ludowej. Warschau 1955. 195 S. IV Ea 12815

(Sammlung der Zivilgesetzgebung, bulg.:) Sbornik graždanski zakoni. Sofia 1955. 7o1 S. IV Ea 12686

(Zivilprozeßordnung,tschech.:) Občiansky súdny poriadok. A predpisy s nim suvisiace. Bratislava 1955. 586 S. IV Ea 12841

2.Theorie des Staates und des Rechts

Adams, H.C.: Relation of the state to industrial action and economics and jurisprudence. 2 Essays. New York 1954. 182 S. V Ea 11728

Aleksandrov,N.G.(Die sozialistische Gesetzlichkeit - die wichtigste Bedingung für die weitere Festigung des Sowjetstaates, russ.:) Socialističeskaja zakonnost' - važnejšee uslovie dal'nejšego ukreplenija sovetskogo gosudarstva. Moskau 1955. 38 S. III Ea 12639

Allemann,F.R.: Nationen im Werden. Eindrücke u.Erlebnisse einer Balkan- und Vorderasien-Reise. Köln 1955. 365 S. II Ea 13336

Anderson,E.N.: Process versus power. Studies in modern culture. Lincoln 1952. 136 S. V Ea 126o9

Politische Grundschule. Die Strategie und Taktik der revolutionären Partei der deutschen Arbeiterklasse in der Periode des Imperialismus. Leseheft. Berlin 1955. 16o S. I Ea 13o83

Böckli,H.R.: Gesetzliche Grundlagen,rechtspolitische und gesetzgeberische Probleme der Sterilisation von Geisteskranken insbes. nach schweizerischem Recht. Winterthur 1954. 125 S. V Ea 11725

Brusiin,O.: Über das juristische Denken. Kopenhagen 1951. 164 S. V Ea 11962

Büttner,H.: Die Rolle des Rechts in Deutschland seit der Zerschlagung der faschistischen Herrschaft. Babelsberg 1955. 100 S. [Hektograph.] I Eb 705

Cohn, H.: Existenzialismus und Rechtswissenschaft. Basel,Stuttgart 1955. 191 S. V Ea 11718

Egger,A.: Die Wege der richterlichen Rechtsfindung. Gutachten i.S. Rudolf-Steiner-Nachlassverwaltung gegen die Allgemeine Anthroposophische Gesellschaft. Dornach 1952. 104 S. V Ea 11909

Eschenburg,T.: Staatsautorität und Gruppenegoismus. Düsseldorf 1955. 45 S. II Ea 11950

Foustka,R.N.:(Der Staat- seine Entstehung,sein Wesen und seine Entwicklung,tschech.:) Štát,jeho vznik,podstata a vývoj. Bratislava 1955. 301 S. IV Ea 12838

Freund,L.: Politik und Ethik. Möglichkeiten und Grenzen ihrer Synthese. Frankfurt/M. 1955. 318 S. II Ea 11951

Friedmann,W.: Law and social change in contemporary Britain. London 1951. 322 S. V Ea 13211

Friedrich,C.J.: Die Philosophie des Rechts in historischer Perspektive. Berlin,Göttingen,Heidelberg 1955. 153 S. II Ea 13254

Hurst,J.W.: The Growth of American law. The Law Makers. Boston 1950. 502 S. V Ea 11906

Kariewa,M.P.: (Recht und Moral in der sozialistischen Gesellschaft, poln.:) Prawo i moralność w społeczeństwie socjalistyznym.(Aus dem Russ.übers.) Warschau 1955. 165 S. IV Ea 12816

Kunst,H.: Die politische Aufgabe der Kirche. Bonn 1955. 24 S. II Ea 13025

Latscha,W.: Die Delegation von Rechtsetzungskompetenzen vom Bund an die Kantone. Winterthur 1953. 121 S.- Zürich,Jur.Fak.,Diss. vom 17.Mai 1953. V Ea 12581

Messner,J.: Das englische Experiment des Sozialismus. Auf Grund ökonomischer Tatsachen u.sozialistischer Selbstzeugnisse dargestellt. Innsbruck,Wien,München 1954. 106 S. V Ea 11714

Neuman, A.: (Die volksdemokratische Rechtsordnung im Dienste des werktätigen Volkes,tschech.:) Lidově demokratický právní řád ve službách pracujiciho lidu. Prag 1955. 178 S. IV Ea 12837

Peters,H.: Die Gewaltentrennung in moderner Sicht. Köln 1954. 39 S. II Ea 11898

Pieck,W.: Zu Fragen der Gewerkschaftspolitik. Berlin 1956. 381 S. I Ea 13110

Pokrovskij,S.A.: (Die politischen und juristischen Anschauungen S.E.Desnizkis.,russ.:) Političeskie i pravovye vzgljady S.E. Desnickogo. Moskau 1955. 166 S. III Ea 13033

(Grundkenntnisse vom Recht, poln.:) Podstawowe wiadomości z prawa. Warschau 1955. 170 S. IV Ea 12828

Schnitzer,A.F.: De la Diversité et de l'unification du droit. Aspects juridiques et sociologiques. Basel 1946. 111 S.
V Ea 11903

Schnitzer,A.F.: Vergleichende Rechtslehre. Basel 1945. 497 S.
V Ea 11900

Smidt, J.T.de: (Die Rechtsgewohnheit. Der Brauch und der örtliche Brauch,auf den das bürgerliche Gesetzbuch verweist,holländ.:) Rechtsgewoonten de gebruiken en plaatselijke gebruiken waarnaar het burgerliik wetbok verwijst. Amsterdam 1954. 363 S. Leiden, Jur.Fak.,Diss vom 13.April 1954
V Ea 7399

(Staats- und Rechtsfragen in den Arbeiten W.I.Lenins, russ.:) Voprosy gosudarstva i prava v trudach V.I.Lenina. Moskau 1955. 194 S.
III Ea 13042

Tjagunenko,V.: (Die unterdrückten Völker zerreißen die Fesseln des Imperialismus,russ.:) Ugnetennye narody rvut okovy imperializma. Moskau 1955. 66 S.
III Ea 13044

Woddis,J.: Die Arbeiter in den kolonialen und abhängigen Ländern kämpfen gegen den Imperialismus. (Aus dem Engl.übers.) Berlin 1955. 46 S.
I Ea 11934

3.Geschichte des Staates und des Rechts

(Der allrussische politische Streik im Oktober 19o5.T.1.2.,russ.:) Vserossijskaja politiceskaja stacka v oktjabre 19o5 goda.T.1.2. Moskau 1955. T.1: 776 S. T.2: 6o8 S.
III Eb 314

(Flugblätter der Moskauer Bolschewiki zur Zeit der ersten russischen Revolution,russ.:) Listovki moskovskich bol'ševikov v period pervoj russkoj revoljucii. Moskau 1955. 590 S.
III Ea 13056

Brjunin,V.G.: Die Große Sozialistische Oktoberrevolution und die deutsche Arbeiterbewegung in den Jahren 1917/1918. Berlin 1955. 33 S.
I Ea 13119

Adams,G.B.: Constitutional History of England. London 1951. 600 S.
V Ea 13124

Čebarin,A.: (Moskau während der Revolution 19o5-19o7, russ.:) Moskva v revoljucii 19o5-19o7 godov. Moskau 1955. 262 S.
III Ea 13068

Danilova,L.V.: (Skizzen zur Geschichte des Grundbesitzes und der Wirtschaft im Nowgoroder Land im 14.u.15.Jahrhundert,russ.:) Očerki po istorii zemlevladenija i chozjajstva v novgorodkoj zemle v XIV-XV vv. Moskau 1955. 439 S.
III Ea 13034

Ėrenburg,G.B.: (Die Revolution von 19o5-19o7 in Rußland und die revolutionäre Bewegung in China,russ.:) Revoljucija 19o5-19o7 godov v Rossii i revoljucionnoe dviženie v kitae. Moskau 1955. 31 S.
III Ea 12653

Gafurov,B.G.: (Die Geschichte des tadschikistanischen Volkes, russ.:) Istorija tadžikskogo naroda. Moskau 1955. 544 S.
III Ea 13249

Goebel,J.:A History of the school of law. Columbia University. By the staff of the Foundation for Research in Legal History. New York 1955. 524 S. V Ea 13209

Gorev,L.: (Der Krieg 1853-1856 und die Verteidigung Sewastopols, russ.:) Vojna 1853-1856 gg.i oborona Sevastopolja. Moskau 1955. 518 S. III Ea 13259

Herder,H.: Der Kampf der bolschewistischen Partei für die Festigung der Sowjetmacht nach der siegreichen Oktoberrevolution. Berlin 1955. 35 S. I Ea 11938

Köhler,J.: Die Keime des Kapitalismus im sächsischen Silberbergbau (1168 bis um 1500). Berlin 1955. 130 S. I Ea 13180

(Geschichte der kommunistischen Partei der Sowjetunion,mongol.:) Istorija kommunističeskoj partii sovetskogo sojuza. Ulan-Bator 1955. 493 S. IV Ea 12689

Kostin,A.F.: (Die erste Volksrevolution in Rußland,russ.:) Pervaja narodnaja revoljucija v Rossii 1905-1907 godov. Moskau 1955. 71 S. III Ea 13053

Kulbakin,V.D.: Die Militarisierung Deutschlands < 1928 bis 1930 >. (Aus d.Russ.übers.) Berlin 1956. 227 S. I Ea 13194

Łapicki,B.: (Die Rechtsanschauungen der römischen Sklaven und Proletarier,poln.:) Poglady prawne niewolników i proletariuszy rzymskich.Lodz 1955. 241 S. IV Ea 12826

Leifer,F.: Vorlesungen über römische Rechtsgeschichte. Wien 1947. 96 S. V Ea 11731

Leges nationum Germanicarum. Ed.Societas aperiendis fontibus rerum Germanicarum T.3, P.2: Lex ribvaria. Hannover 1954. 217 S. II Eb 295

Liermann,H.: Grundlagen des kirchlichen Verfassungsrechts nach lutherischer Auffassung. Berlin 1954. 23 S. II Ea 11691

Lill',V.;Maamjagi,V. (Die Estnische SSR,russ.:) Estonskaja SSR. Moskau 1955. 167 S. III Ea 13250

Mamai, N.: Die KPdSU im Kampf für die ideologisch-politische Erziehung der Massen in den ersten Jahren der Neuen Ökonomischen Politik.(Aus d.Russ.übers.) Berlin 1956. 155 S. I Ea 13186

Meier- Welcker,H.: Deutsches Heerwesen im Wandel der Zeiten.Ein Überblick über die Entwicklung vom Aufkommen der stehenden Heere bis zur Wehrfrage der Gegenwart. Arolsen 1954. 143 S. II Ea 13160

(Geschichte der Mongolischen Volksrepublik, russ.:) Istorija Mongol'skoj narodnoj respubliki. Moskau 1954. 421 S. III Ea 12688

Müller,A.: Die Kriegsrohstoffbewirtschaftung 1914-1918 im Dienste des deutschen Monopolkapitals. Berlin 1955. 138 S. I Ea 13118

Orlova,M.I.: (Deutschland in den Jahren 1924-1929,russ.:) Germanija v 1924-1929 godach. Moskau 1955. 36 S. III Ea 13054

Pfaff-Giesberg, R.: Geschichte der Sklaverei. Meisenheim/Glan 1955. 120 S. II Ea 13487

(Die Revolution in den Jahren von 1905-1907 in den Nationalen Bezirken Russlands,russ.:) Revoljucija 1905-1907 gg v nacional'nych rajonach Rossii. Moskau 1955. 829 S. III Ea 13069

Robotti,P.;G.Germanetto: Dreissig Jahre Kampf der italienischen Kommunisten 1921-1951. (Aus dem Italien.übers.) Berlin 1955. 271 S. I Ea 13163

Theimer,W.: Geschichte der politischen Ideen. München 1955. 505 S. II Ea 13332

Tichomirov,M.N.: (Die Aufstände der Bauern und Städter in der Rus im 11.-13.Jahrhundert,russ.:) Krest'janskie i gorodske vosstanija na rusi XI-XIII vv. Moskau 1955. 278 S. III Ea 13065

Ulbricht,W.: Der faschistische deutsche Imperialismus < 1933-1945 > Die Legende vom "deutschen Sozialismus". 4.Aufl. Berlin 1956. 115 s. I Ea 13187

Wormser,O.;H.Michel: Tragédie de la déportation 1940-1945. Témoignages de survivants des camps de concentration allemands. Paris 1954. 511 S. V Ea 13335

4.Völkerrecht,Aussenpolitik

Alstyne,R.W.van: American Crisis Diplomacy. The Quest for collective security 1918-1952. Stanford/California 1952. 165 S. V Ea 13127

Anzilotti,D.: (Lehrbuch des internationalen Rechts.Vol.1,ital.:) Corso di diritto internazionale. Vol.1. Padua 1955. 438 S. V Ea 13256

Awsenew,M.: Der englich-amerikanische Kampf um das Erdöl nach dem zweiten Weltkrieg. (Aus d.Russ.übers.) Berlin 1956. 148 S. I Ea 13292

Brandweiner, H.: Die Pariser Verträge. Berlin 1955. 363 S. I Ea 13111

Bulganin,N.A.;N.S.Chruschtschow: Reden während des Besuches in Indien,Birma und Afghanistan. Nov.u.Dez.1955 mit e.Anh.(Aus dem Russ.übers.) Berlin 1956. 328 S. I Ea 13237

Castillon,R.: Les Réparations allemandes. Deux expériences 1919-1932. 1945-1952. Paris 1953. 197 S. V Eb 316

Dürrenmatt,P.: Europa und die deutsche Mitte. Eine schweizerische Stimme. Zürich,Stuttgart,Wien 1955. 39 S. V Ea 11913

Dvorkin,I.: (Über das friedliche Nebeneinanderbestehen des kapitalistischen und sozialistischen Wirtschaftssystems, russ.:) O mirnom sosuščestvovanii kapitalističeskoj i socialističeskoj obščestvennych sistem. Moskau 1955. 93 S. III Ea 13043

Feller,A.H.: United Nations and world community. Boston 1953. 153 S. V Ea 13347

Gamajunov,L.S.: (Aus der Entwicklungsgeschichte der kulturellen Verbindungen unseres Landes mit Indien,russ.:) Iz istorii razvitija kul'turnych svjazej našej strany s Indiej. Moskau 1955. 39 S. III Ea 12652

Harris,W.R.: Tyranny on trial. The evidence at Nuremberg. Dallas 1954. 608 S. V Ea 13348

Hyde,C.C.: Bombs,super-bombs and the cost of peace. New York 1950. S.144-212. Aus: Texas Law Review. V Ea 12831

Die Integration des europäischen Westend. Vorträge.K.Brunner, L.Erhard u.a. Zürich,St.Gallen 1954. 157 S. V Ea 11931

(Grundriss des internationalen öffentlichen Rechts, Bd 1, poln.:) Zarys prawa miedzynarodowego publicznego. T.1. Warschau 1955. 323 S. IV Ea 12817

Kiss,A.-C.: L'Abus de droit en droit international. Paris 1953. 200 S. V Ea 13344

Langer,W.L.;E.Gleason: The World Crisis and American foreign policy. T.1.2. New York,London 1952-1953. T.1: 1952.794 S. T.2: 1953. 963 S. V Ea 11682

Leontjew,B.L.: Grundsätze der sowjetischen Aussenpolitik.(Aus dem Russ.übers.) Berlin 1955. 63 S. I Ea 13113

L'Huillier, J.: Elements de droit international public. Paris 1950. 432 S. V Ea 13345

Lju Da-njaen: Geschichte der amerikanischen Aggression in China. (Aus d.Russ.übers.) Berlin 1956. 352 S. I Ea 13236

Trials of war criminals before the Nuernberg Military Tribunals under Control Council Law 10.Vol.6.Nuernberg,Oct.1946-April 1949. Washington 1952. 1268 S. V Ea 12870

The Charter and judgment of the Nürnberg Tribunal. History and analysis. (Memorandum submitted by the Secretary-General.) Lake Success, New York 1949. 99 S. V Ea 11958

Ogurcov,S.I.: (Die Zusammenarbeit der Länder des sozialistischen Lagers - ein neuer,höherer Typus der internationalen Beziehungen, russ.:) Sotrudničestvo stran socialističeskogo lagerja-novyj, vysšij tip meždunarodnych otnošenij. Moskau 1955. 39 S. III Ea 12666

Padelford,J.;G.A.Lincoln: International Politics.Foundation of international relations. New York 1954. 719 S. V Ea 11916

Paneuropa. Friedensbewegung. 6.Paneuropa-Kongress. Baden-Baden 1954. Frankfurt/M. 128 S. II Ea 13349

The Quest for peace. Proceedings of the Institute of World Affairs. 28 th session. Vol.27. Los Angeles 1952. 168 S. V Ea 12832

Reznikov,L.Z.: (Die Genfer Vereinbarung der Regierungschefs der vier Großmächte < 18-23.Juli 1955 >,russ.:) Ženevskoe soveščanie glav pravitel'stv četyrech deržav (18.-23.julja 1955).Moskau 1955. 31 S. III Ea 12640

Sanakoev,Š.: (Das Lager des Sozialismus- ein mächtiger Schutz des Friedens und der Sicherheit der Völker,russ.:) Lager'socializma - mošonyj oplot mira i bezopasnosti narodov. Moskau 1955. 39 S.
III Ea 12643

Schwarzenberger, G.: International Law and totalitarian lawlessness. London 1943. 168 S. Ea 13125

Strausz-Hupé,R.;S.T.Possony: International Relations. In the age of the conflict between democracy and dictatorship. New York,Toronto, London 1954. 826 S. V Ea 13207

Sukmandjieff, S.: Die Möglichkeit der friedlichen Koexistenz des Kapitalismus und des Sozialismus.(Aus d.Russ.übers.) Berlin 1955. 96 S. I Ea 13170

Taylor,T.: Die Nürnberger Prozesse. Kriegsverbrechen und Völkerrecht, (Aus dem Engl.übers.) Zürich 1951. 168 S. V Ea 12602

Vygodskij,S.L.: (Der Einfluss des < kalten Krieges > auf die Ökonomie der USA,russ.:) Vlijanie < cholodnoj bojny > na ekonomiku SŠA. Moskau 1955. 31 S. III Ea 12647

Vyšinskij,A.J.: Fragen des internationalen Rechts und der internationalen Politik.(Aus dem Russ.übers.) 6.Tagung d.Vollversammlung d.Organisation d.Vereinten Nationen,1951-1952. Berlin 1955. 409 S.
I Ea 11974

Wagenen,R.W.van: Research un the international organisation field. Some notes on an possible focus. New Jersey 1952. 78 S.V Ea 12830

Warburg,J.P.: Cold War tragedy. Utah 1954. S.325-345. Aus: The Western Political Quarterly.Vol.7, No 3. V Ea 11939

Zahn,R.A.: Atom.Tod oder Segen. Berlin 1955. 171 S. I Ea 13288

5.Staatsrecht

Offensiv,siegeszuversichtlich und konkret agitieren. 1.Zentrale Agitationskonferenz beim ZK der SED vom 23.u.24.Mai 1955 in Berlin. Berlin 1955. 100 S. I Ea 11935

Anisimov,I.V.: (Der historische Sieg des Sowjetvolkes im großen Vaterländischen Krieg, russ.:) Istoričeskaja pobeda sovetskogo naroda v velikoj otečestvennoj vojne. Moskau 1955. 39 S.
III Ea 12663

Arustamov,S.B.: (Die KPdSU - der Organisator einer entwickelten Offensive an der ganzen Front,russ.:) KPSS -organizator razvernutogo nastuplenija socializma po vsemu frontu. Moskau 1955. 146 S.
III Ea 13251

Bojm, L.: (Der politische Aufbau der Union der Sozialistischen Sowjetrepubliken, poln.:) Ustroj związku socjalistycznych republik radzieckich. Warschau 1955. 299 S. IV Ea 12805

Borowski,W.: (Leitfaden für Kaderabteilungen,poln.:) Przewodnik dla komórek kadrowych. Warschau 1955. 311 S. IV Ea 12814

Bracher,K.D.: Die Auflösung der Weimarer Republik. Eine Studie um Probleme des Machtverfalls in der Demokratie. Stuttgart, Düsseldorf 1955. 754 S. II Ea 13023

Bulganin,N.A.: Für einen Aufschwung der Industrie. (Aus dem Russ. übers.) Berlin 1955. 107 S. I Ea 13185

Bulganin, N.A.: Richtlinien des 20.Parteitages der KPdSU für den sechsten Fünfjahrplan zur Entwicklung der Volkswirtschaft der UdSSR in den Jahren 1956 bis 1960. (Aus dem Russ.übers.) Berlin 1956. 120 S. I Ea 13405

Die Volksrepublik Bulgarien auf dem Wege zum Sozialismus. Von J.Nathan u.a. Berlin 1955. 82 S. I Ea 11936

Červenkov,V.: (Rechenschaftsbericht des Zentralkommitees der kommunistischen Partei Bulgariens an den 6.Parteitag, russ.:) Otčetnyj doklad central'nogo komiteta BKP 6. s-ezdu partii. Moskau 1955. 95 S. III Ea 13059

Chruščov,N.S.: Rechenschaftsbericht des Zentralkomitees der KPdSU an den 20.Parteitag. (Aus dem Russ.übers.) Berlin 1956. 192 S. I Ea 13404

Delčev, B.: (Frankreich besetzt und frei, bulg.:) Francija okupirana i ne. Sofia 1953. 284 S. IV Ea 13109

Deutschland in der Zeit der faschistischen Diktatur < 1933-1945 >. Bearb.von W.Bartel. Berlin 1955. 224 S. I Ea 13279

Drath,M.: Die Entwicklung der Volksrepräsentation. Bad Homburg vor der Höhe,Berlin 1954. 48 S. II Ea 13026

Féaux de la Croix: Die Problematik der Reichsverbindlichkeiten. Karlsruhe 1955. 21 S. II Ea 13095

Flueler,K.: Mangelhafte Gemeinde- und Bezirksbeschlüsse und ihre Überprüfung durch die schwyzerische Kassationsbehörde. Lachen 1954. 93 S. - Freiburg/Schweiz Jur.Fak.,Diss.vom 22.Jan.1953 V Ea 12570

Frunze,M.V.: Ausgewählte Schriften. 2.Aufl.(Aus dem Russ.übers.:) Berlin 1955. 565 S. I Ea 13197

Grotewohl,O.: Die Verbesserung der Arbeit des Staatsapparates zur Erfüllung der Wirtschafts- und Verwaltungsaufgaben.Referat auf d.25.Tagg d.ZK's der SED am 24.Okt.1955. 44 S. I Ea 13172

Hagmann,H.-J.:Die saarländischen Landtagswahlen vom 30.November 1952. Köln 1953. 240 S. II Ea 13031

Hromada,J.: (Übersicht über die tschechoslowakischen Staatsorgane, tschech.:) Prehlad československých štátnych orgánov. Bratislava 1955. 137 S. IV Ea 12839

Ipsen,H.P.: Über das Grundgesetz. Hamburg 1950. 43 S. II Ea 12605

Kerimov,D.A.: (Die Gesetzgebung des Sowjetischen Staates,russ.:) Zakonodatel'naja dejatel'nost'sovetskogo gosudarstva. Moskau 1955. 133 S. III Ea 13036

Lakeman,E.;J.D.Lambert: Voting in Democracies.- A study of majority and proportional electoral systems. London(um 1955).303 S.
V Ea 13086

Laun, R.: Das Grundgesetz Westdeutschlands. 2.Aufl. Hamburg 1951. 24 S.
II Ea 12597

Litwin,J.: (Nationalratsbeschlüsse.Muster und Beispiele,poln.:) Uchwały rad narodowych.Wzory i przykłady. Warschau 1955. 318 S.
IV Ea 12668

Ljubimowa,W.W.: Die Wirtschaft Frankreichs und die Lage der Werktätigen nach dem 2.Weltkrieg. (Aus d.Russ.übers.) Berlin 1955. 236 S.
I Ea 13277

Mückenberger,E.: Der Kampf der Sozialistischen Einheitspartei Deutschlands für die Festigung des Bündnisses der Arbeiterklasse mit der werktätigen Bauernschaft. Berlin 1956. 60 S. I Ea 13226

Neumann,O.: Die westdeutsche Bundesrepublik - der Staat der Monopolherren,Junker und Militaristen. Berlin 1956. 30 S. I Ea 13167

Nikolov,F.;N.Mičev: (Die Mongolische Volksrepublik,bulg.:) Narodna republika Mongolija. Sofia 1954. 132 S. IV Ea 13057

Ovčarov,V.I.: (Die Erfolge des sozialistischen Aufbaus in der polnischen Volksrepublik, russ.:) Uspechi socialističeskogo stroitel'stva v pol'skoj narodnoj respublike. Moskau 1955. 39 S.
III Ea 12667

Aussprachen mit Delegierten des Obersten Sowjets der UdSSR.Redigierte Protokolle d.Aussprachen mit Werktätigen der Deutschen Demokratischen Republik anlässlich d.Besuches d.Delegation d.Obersten Sowjets d.UdSSR v.25.Nov.bis 13.Dez.1955. Berlin 1955. 223 S.
I Ea 12699

Die Politik der Partei,der Quell der Siege des werktätigen Volkes. Leitartikel in der "Scanteia" Nr 2704 vom 4.Juli 1953. Bukarest 1953. 18 S. IV Ea 13100

(Die enge Verbindung mit den Massen,der Kraftquell der Partei, rumän.:) Legătura strânsă cu masele,izvorul forței partidului. Bukarest 1953. 29 S. IV Ea 13099

Robotos,J.: Der sozialistische Patriotismus -unbesiegbares Banner im Friedenskampf.(Aus dem Ungar.übers.) Bukarest 1954. 206 S.
IV Ea 13098

Schirdewan,K.: Die Wahlordnung der Sozialistischen Einheitspartei Deutschlands zur Vorbereitung der 3.Parteikonferenz 1956.Referat auf d.25.Tagg d.ZK's d.SED am 25.Okt.1955. Anh.:Beschluss über d. Einberufung d.3.Parteikonferenz.Instruktion d.ZK's d.SED über d. Wahlen d.leitenden Parteiorgane u.über d.Wahlen d.Delegierten zu Parteikonferenzen u.Parteitagen. Berlin 1955. 61 S. I Ea 11645

Schulz,R.: Deutsche in Rumänien. Das Nationalitätenproblem in der Rumänischen Volksrepublik. Leipzig,Jena 1955. 101 S. I Ea 13169

Smend,R.: Staatsrechtliche Abhandlungen und andere Aufsätze. Berlin 1955. 470 S. II Ea 13091

Sorgenicht,K.: Aufgaben der Parteiorganisationen in der Justiz, in: Die neuen Aufgaben von Gericht und Staatsanwaltschaft,S.36-47. Berlin 1955. I Ea 13216

(Fünfzig Jahre nach der ersten russischen Revolution,Thesen,russ.:) Pjat'desjat let pervoj russkoj revoljucii. Tezisy. Moskau 1955. 31 S. III Ea 13248

Toynbee,A.J.: Krieg und Kultur. Der Militarismus im Leben der Völker. 2.Aufl.(Aus dem Engl.übers.) Stuttgart 195o. 169 S. II Ea 11949

(Die tschechoslowakische Volksrepublik - ein Arbeiter- und Bauernstaat, tschech.:) Lidové demokratické československo - stát dělníků a rolníků.Prag 1954. 15 S. IV Ea 13o48

United States Immigration Laws. General informations. United States Department of Justice. Washington 1955. 26 S. V Ea 12874

6.Verwaltungsrecht

Aleksandrov, A.K.: (Die ständige kommunale Wohnungskommission des städtischen Sowjets der Deputierten der Werktätigen,russ.:) Postojannaja žiliščno-kommunal'naja komissija gorodskogo soveta deputatov trudjaščichsja. Moskau 1955. 45 S. III Ea 131o7

Rechtsgutachten des Bundesverfassungsgerichts über die Zuständigkeit des Bundes zum Erlass eines Baugesetzes. Bonn 1954. 34 S. II Ea 11915

Bujko,O.;H.Denis: (Eingaben und Beschwerden,poln.:) Skargi i zażalenia. Warschau 1955. 81 S. IV Ea 12818

Friedrich,K.-O.: Beamtenauslese in den Vereinigten Staaten und in Großbritannien. Bad Godesberg 1955. 1o8 S. II Ea 13355

Graczyk,B.: (Der Brandschutz auf dem Lande, poln.:) Ochrona przeciwpożarowa na wsi. Warschau 1955. 128 S. IV Ea 128o4

Haas,D.: System der öffentlichrechtlichen Entschädigungspflichten. Karlsruhe 1955. 76 S. II Ea 1335o

Imboden,M.: Das Gesetz als Garantie rechtsstaatlicher Verwaltung. Basel,Stuttgart 1954. 46 S. V Ea 13126

Koch,H.: Rechtsform der Sozialisierung unter bes.Berücksichtigung der Sozialisierung in Hessen. Hamburg 1947. 55 S. II Ea 12599

Kordt,E.;P.Gaudement;E.Kern: Der europäische Beamte. Berichte über die Auswahl und Ausbildung sowie über die Rechtsstellung von Bediensteten bei europäischen Organisationen. München 1955. 98 S. II Ea 13547

Krauss,R.von: Der Grundsatz der Verhältnismäßigkeit in seiner Bedeutung für die Notwendigkeit des Mittels im Verwaltungsrecht. Hamburg 1955. 138 S. II Ea 11944

Die Geschichte vom Schlüchternplan. Mit Beiträgen von L.Neundörfer u.H.Michler. Frankfurt/M.195o. 92 S. II Ea 11594

Welling, F.: Flurzersplitterung und Flurbereinigung im nördlichen u.westlichen Europa. Stuttgart 1955. 81 S. II Ea 11960

7.Finanz-,Steuer-und Preisrecht

Gassmann,H.: Probleme der Vermögensabgabe. Winterthur 1954. 144 S. Zürich,Jur.Fak.,Diss.vom 31.Okt.1953 V Ea 11929

Der Haushalt der kleinen Gemeinden. Ausgearb.von e.Autorenkollektiv u.d.Fachschule f.Finanzwirtschaft Gotha. Berlin 1955. 2o8 S. II Eb 317

(Die örtlichen Haushaltspläne,poln.:) Budzety terenowe. Warschau 1955. 450 S. IV Ea 12827

Hoeres, D.: Steuerliche Überlegungen zum Jahresende 1955. Frankfurt/M.1955. 13 S. II Ea 12879

Kreid,E.: (Was muß jeder Landwirt über die Grundstücksteuer wissen,poln.:) Co každy molnik powinien wiedzieć o podatku gruntowym. Warschau 1955. 45 S. IV Ea 128o3

Mitel'man, E.L.: (Finanzierung und Kreditierung der sozialistischen Industrie, russ.:) Finansirovanie i kreditovanie socialističeskoj promyšlennosti. Moskau 1955. 246 S. III Ea 13253

Plotnikov,K.N.: Der Haushaltsplan und die Entwicklung der Schwerindustrie in der UdSSR,russ.:) Bjudžet i razvitie tjaželoj promyšlennosti SSSR. Moskau 1955. 92 S. III Ea 13257

Siegfried,W.: Die Sonderbelastung der Kapitaleinkünfte im Rahmen der Einkommensteuer. Winterthur 1954. Zürich,Jur.Fak.,Diss.v.19. Dez.1953 1o4 S. V Ea 12566

(Der Staatshaushalt der Rumänischen Volksrepublik,rumän.:) Bugetul de stat al R.P.R. Bukarest 1955. 2o5 S. IV Ea 131o1

Weralski,M.: (Der Staatshaushalt der Volksrepublik Polen,poln.:) Budžet polskiej rzeczypospolitej ludowej. Warschau 1955. 77 S. IV Ea 1281o

8.Kolchosrecht,Bodenrecht,Landwirtschaftliche Produktionsgenossenschaften

Mao Tse-tung: Fragen des genossenschaftlichen Zusammenschlusses in der Landwirtschaft. Berlin 1956. 35 S. I Ea 13189

Sobolew,N.P.: Die Perspektivplanung in den Kollektivwirtschaften. (Aus d.Russ.übers.) Berlin 1955. 222 S. I Ea 13287

Stankiewicz,W.: (Die rechtlichen Grundlagen der Erfassung landwirtschaftlicher Produkte, poln.:) Kontraktacja produkcji rolnej w świetle prawa. Warschau 1955. 123 S. IV Ea 128o9

Volkov,A.I.: (Die Rechtslage der kollektivwirtschaftlichen Fonds, russ.:) Pravovoe položenie kolchoznych fondov.- Moskau 1955. 61 S. III Ea 131o8

9. Strafrecht, Strafprozeß

Alsberg, M.: Der Beweisantrag im Strafprozeß. 2.neubearb.Aufl. von K.-H.Nüse. Köln, Berlin 1955. 541 S. II Ea 13238

Aroneanu, E.: Le Crime contre l'humanité et la juridiction pénale internationale. Genf 1950. 18 S. Aus: Revue de droit international de sciences diplomatiques et politiques.1950, Nr 2.V Ea 13343

Bölsterli, F.: Das Jugendstrafprozeßrecht des Kantons Schwyz. Teildr. Zürich 1953. 56 S. Freiburg, Juristische Fak., Diss.v. 2323.März 1946 V Ea 12593

Boller, H.U.: Richterwillkür als Nichtigkeitsgrund im schweizerischen Strafprozeßrecht. Zürich 1949. 233 S. Zürich, Rechts- u. staatswiss.Fak., Diss.vom 9.Juli 1949 V Ea 11840

Cieślak, M.: (Beweisfragen im Strafprozess, poln.:) Zagadnienia dowodowe w procesie karnym. T.1. Warschau 1955. 415 S. IV Ea 12825

Grodzinski, M.M.: (Das Kassations- und Aufsichtsverfahren im sowjetischen Strafprozess, poln.:) Postepowanie kasacyjne i nadzocze w radzieckim procesie karnym.(Aus dem Russ.übers.) Warschau 1955. 248 S. IV Ea 12802

Bekämpfung der Jugendkriminalität. Arbeitstagung im Bundeskriminalamt Wiesbaden vom 1.Nov.bis 6.Nov.1954 über die Kriminalität der Jugendlichen und Heranwachsenden.Hrsg.vom Bundeskriminalamt Wiesbaden. Wiesbaden 1955. 275 S. II Eb 313

Kaul, F.K.: Ich fordere Freispruch. Berlin 1955. 447 S. I Ea 13235

Kempisty, H.: (Die Arbeitsmethodik des Richters in Strafprozessen, poln.:) Metodyka pracy sędziego w sprawach karnych. Warschau 1955. 284 S. IV Ea 12806

Kul'teleev, T.M.: (Das in Kasachstan geltende Strafrecht, russ.:) Ugolovnoe obyčnoe pravo Kazachov. Alma-Ata.1955. 299 S. III Ea 11926

Meyer, L.: Die Zechprellerei. Zürich 1943. 119 S. Bern, Jur.Fak. Diss.vom 23.Okt.1942 Ea 7473

Mezger, E.: Strafrecht. Ein Studienbuch. Bd 1: Allgemeiner Teil. 6.neubearb.Aufl. München, Berlin 1955. 322 S. II Ea 11912

Mišunin, P.G.: (Grundriss der Geschichte des sowjetischen Strafrechts in den Jahren 1917-1918, russ.:) Očerki po istorii sovetskogo ugolovnogo prava. 1917-1918 gg. Moskau 1954. 230 S. III Ea 12673

Nekipelov, P.T.: (Die sowjetische Strafgesetzgebung im Kampf gegen Entwendungen sozialistischen Eigentums, russ.:) Sovetskoe ugolovnoe zakonodatel'stvo v bor'be s chiščenijami socialističeskoj sobstvennosti. Moskau 1954. 134 S. III Ea 12677

Neuenschwander-Hesse, V.: Die Strafbarkeitsvoraussetzungen der Beihilfe nach Art.25 StGB. Aarau 1954. 103 S. Zürich, Jur.Fak.Diss. v.20.Febr.1954 V Ea 12557

Niese,W.: Doppelfunktionelle Prozesshandlungen. Ein Beitr.zur allgemeinen Prozessrechtslehre. Göttingen 1950. 155 S. II Ea 13o93

Nowakowski,F.: Das österreichische Strafrecht in seinen Grundzügen. Graz,Wien,Köln 1955. 255 S. V Ea 11878

Radbruch,G.: Elegantiae Juris Criminalis. Vierzehn Studien zur Geschichte des Strafrechts. 2.Aufl. Basel 195o. 232 S. V Ea 11897

Reiwald,P.: Die Gesellschaft und ihre Verbrecher. Zürich 1954. 32o S. V Ea 1191o

Šargorodskij,M.: (Fragen des allgemeinen Teils des Strafrechts, russ.:) Voprosy obščej časti ugolovnogo prava. Leningrad 1955. 255 S. III Ea 12679

Schubert,L.: (Die Gesellschaftsgefährlichkeit der Handlung als Grundbedingung des Verbrechens,tschech.:) Nebezpečnosť konania pre spoločnosť ako základná podmienka trestného činu. Bratislava 1955. 178 S. IV Ea 12836

Sergeeva,T.L.: (Der strafrechtliche Schutz des sozialistischen Eigentums in der UdSSR,russ.:) Ugolovno-pravovaja ochrana socialističeskoj sobstvennosti v SSSR. Moskau 1954. 154 S. III Ea 12678

(Aufgabensammlung für die Praxis im sowjetischen Strafprozess,russ.:) Zadačnik dlja praktičeskich zanjatij po sovetskomu ugolovnomu processu. Leningrad 1955. 216 S. III Ea 12685

Strogovič,M.S.: (Der materielle Tatbestand und der gerichtliche Beweis im sowjetischen Strafprozeß,russ.:) Material'naja istina i sudebnye dokazatel'stva v sovetskom ugolovnom processe. Moskau 1955. 382 S. III Ea 13o64

Szwarc,A.: (Die Urkundenfälschung auf Grund der Kriminalistik, poln.:) Fałszerstwo dokumentów w świetle kryminalistyki. Warschau 1955. 135 S. IV Ea 12821

Utevskij,B.S.: (Die strafrechtliche Verantwortlichkeit für die Herstellung minderwertiger,unvollständiger und nicht den Normen entsprechender Erzeugnisse,russ.:) Ugolovnaja otvetstvennost'za vypusk nedobrokačestvennoj,nekomplektnoj i nestandartnoj produkcii. Moskau 1955. 1o2 S. III Ea 12676

Vetter,R.: Probleme des Zeugnisverweigerungsrechts.Aarau 1951. 77 S.- Zürich,Jur.Fak.,Diss.vom 1o.Juli 1954. V Ea 12569

Vogel,G.P.: Das Schwurgericht im englischen Strafprozeß. Winterthur 1954. 94 S.- Zürich,Rechts-u.staatswiss.Fak.,Diss. von 1954. V Ea 11737

Vyšinskij,A.J.: Theorie der gerichtlichen Beweise im sowjetischen Recht. 3.erg.Aufl.(Aus dem Russ.übers.) Berlin 1955. 326 S. I Ea 12672

1o.Kriminalistik,Gerichtliche Medizin

Kriminalbiologische Gegenwartsfragen.Vorträge bei der .. Tagung d. Kriminalbiologischen Gesellschaft.Hrsg.von E.Mezger u.E.Seelig. Stuttgart 1953-1955. H.1: 7.Tagung.1953. 126 S. H.2: 8.Tagung. 1954. 82 S. II Ea 13342

Wiener,A.S.: Rh-Hr- Syllabus. Die Typen und ihre Anwendung.(Aus dem Engl.übers.) Stuttgart 1955. 87 S. II Ea 13239

11.Gerichtsverfassung (einschließlich Staatsanwaltschaft, Notariat,Anwaltschaft)

Benjamin, H.: Die neuen Aufgaben von Gericht und Staatsanwalt,in: Die neuen Aufgaben von Gericht und Staatsanwalt, S.5-35. Berlin 1955. I Ea 13216

Bötticher,E.: Die Gleichheit vor dem Richter. Hamburg 1954. 38 S. II Ea 126o3

Curtis,C.P.: It's your law. Cambridge 1954. 178 S. V Ea 119o7

Frick,E.: Der Gerichtsstand bei der Abänderung von Scheidungsurteilen. Winterthur 1954. 94 S. Zürich,Jur.Fak.,Diss.v.19.Dez.1953 V Ea 12594

Ipsen,H.P.;A.Arndt: Empfiehlt es sich, die vollständige Selbstverwaltung aller Gerichte im Rahmen des Grundgesetzes gesetzlich einzuführen? Tübingen 1954. 142 S. II Ea 13o87

Moser,B.: Die überstaatliche Gerichtsbarkeit der Montanunion. Wien 1955. 79 S. V Ea 11946

Ranke,H.: Der Schutz der Rechte der Bürger in der Gerichtsverfassung und im Strafprozeß der Deutschen Demokratischen Republik. Berlin 1955. 51 S. I Ea 13224

Konferenz von Richtern und Staatsanwälten am 17.und 18.Dez.1955 in Leipzig. Die neuen Aufgaben von Gericht und Staareanwalt. Hrsg.vom Ministerium der Justiz der DDR. Berlin 1956. 9o S. I Ea 13216

Sapargaliev,M.S.:(Abhandlung über die Geschichte des sowjetischen Gerichts in Kasachstan < 1918-192o >,russ.:) Očerk po istorii sovetskogo suda v Kazachstane < 1918-192o > gg. Alma-Ata 1955. 64 S. III Ea 11925

Tavanec,P.V.: (Fragen zur Theorie des Urteils,russ.:) Voprosy teorii suždenija. Moskau 1955. 192 S. III Ea 13243

Valentine,D.G.: The Court of Justice of the European Coal and Steel Community. Den Haag 1955. 273 S. V Ea 11753

Ministerstvo justicii SSSR.(Handbuch für Volksbeisitzer. 3.Aufl. russ.:) Posobie dlja narodnych zasedatelej. Izd.tretye. Moskau 1955. 323 S. III Ea 11o18

Witt,W.: Die Rechtsstellung des Staatsanwaltes in Frankreich. Würzburg 1939. 142 S. Ea 12595

12.Freiwillige Gerichtsbarkeit

Keine Eingänge

13.Vertragssystem - Arbitrage

Pereslegin,W.I.: Das Sparsamkeitsregime in der sozialistischen Wirtschaft. (Aus dem Russ.übers.) Berlin 1955. 139 S.I Ea 11921

14.Zivilrecht - Zivilprozeß

Fischer,M.: Der Begriff der Vertragsfreiheit. Aarau (um 1952).76 S. Zugl.Zürich,Rechts-u. staatswiss.Diss. V Ea 10597

Flückiger,P.: Neue Formen der Kreditgewährung. Winterthur 1954. 110 S. Bern,Jur.Fak.,Diss.v.1954 V Ea 11928

Grob,J.: Die Bestreitung der materiellrechtlichen Grundlage der Schuldbestreitung nach Schweizerischem Recht. Zug 1954. 150 S. Zürich,Rechts- und staats-wiss.Fak.,Diss.v.23.Jan.1954 V Ea 12561

Gürgan,I.: Contribution a l'étude du capital et de sa formation en économie politique. Neuchatel 1947. 157 S. Neuchatel,Jur.Fak., Diss.vom 1.Nov.1946 V Ea 7469

Guldener,M.: Das internationale und interkantonale Zivilprozessrecht der Schweiz. Zürich 1951. 208 S. V Ea 13465

Haussmann,F.: Das Dilemma eines deutschen Antitrustgesetzes. Hindernisse und Lösungsmöglichkeiten. Bern 1955. 75 S.V Ea 13206

Ikonnikov,V.V.: (Geldumlauf und Kreditwesen in der UdSSR,russ.:) Denežnoe obraščenie i kredit v SSSR. Moskau 1955. 39 S. III Ea 12635

Juchli,F.A.: Die Beweisabnahme von Amtes wegen im erstinstanzlichen Vermögensprozess nach schweizerischen Prozessrechten. Winterthur 1954. 80 S. Zürich,Rechts- u.staats-wiss.Fak.,Diss. v.21.Febr.1953 V Ea 12555

(Die internationalen Kartelle im Eisenhüttenwesen, russ.:) Meždunarodnye karteli v černoj metallurgii. Moskau 1955. 184 S. III Ea 13242

Knecht,H.: Die Abänderungsklagen. Aarau 1954. 118 S. Zürich,Rechts-u.staats- wiss.Fak.,Diss.v.8.Mai 1954 V Ea 12560

Koševev,F.P.: (Das gesellschaftliche Eigentum an den Produktionsmitteln ist die Grundlage der sozialistischen Produktionsverhältnisse,russ.:) Obščestvennaja sobstvennost'na sredstva proizvodstva-osnova socialističeskich proizvodstvennych otnošenij. Moskau 1955. 46 S. III Ea 12637

Kožucharov,A.: (Schuldrecht,Allgemeiner Teil,bulg.:) Obligacionno pravo.Obšča čast. 2.izd. Sofia 1954. 554 S. IV Ea 13051

Kundert,H.: Die Befugnisse des Bundes auf dem Gebiet des Kartellwesens. (BV 31 bis III d) Zürich 1954. 168 S.-Zürich,Rechts- u. staatswiss.Fak.,Diss.von 1954 V Ea 11756

Meyer,K.: Das zivilprozessuale Armenrecht im Kanton Zug.Baar 1953. 189 S. Freiburg,Jur.Fak.,Diss.vom 13.März 1952 V Ea 12592

Mizera,St.: (Die Wohnungsansprüche der Angestellten,poln.:) Uprawnienia mieszkaniowe pracownika. Warschau 1955. 123 S. IV Ea 12811

Niese,W.: Doppelfunktionelle Prozesshandlungen. Ein Beitrag zur allgemeinen Prozeßrechtslehre. Göttingen 195o. 155 S. II Ea 13o93

Notecki,H.: (Nachlässe und Erbfolgen,poln.:) O spadkach i dziedziczeniu. Warschau 1955. 78 S. IV Ea 12813

Novickij,I.B.: (Die Rolle des sowjetischen Zivilrechts bei der Durchführung der wirtschaftlichen Rechnungsführung und des Sparsamkeitsregimes,russ.:) Rol'sovetskogo graždanskogo prava v osuščestvleni chozrasčeta i režima ekonomii. Moskau 1955. 2o5 S. III Ea 13o61

Ramming,N.: Die Entwicklung der Notstundung im schweizerischen Betreibungsrecht. Zürich 1943. 76 S. Zürich,Jur.Fak.,Diss.v. 23.Jan.1943 Ea 7457

Saluz,J.G.: Die Schuldbetreibung nach den bünderischen Statutarrechten. Freiburg 1952. 72 S. Freiburg,Jur.Fak.,Diss.v.2o.Juli 1946 V Ea 7347

Schauwecker,H.: Die Einrede der Litispendenz im eidgenössischen und zürcherischen internationalen Zivilprozeßrecht. Zürich 1943. 117 S. Zürich,Rechts- und staatswiss.Fak.,Diss.v.2o.Juni 1942 Ea 12563

Siegrist,K.: Die Plenarentscheidungen des Bundesgerichts und anderer höchsten Gerichte. Zürich 1949. 100 S.-Zürich,Rechts- und staatswiss.Fak.,Diss.vom 18.Febr.1948 V Ea 11876

(Transportverträge in der Praxis.2.verb.Aufl.,ungar.:) Szállitási szerzödések a gyakorlatban.2.javitott,bövitett kiadás. Budapest 1954. 351 S. IV Ea 13103

(Die einzelnen Arten der Verbindlichkeiten, russ.:) Otdel'nye vidy objazatel'stv. Moskau 1954. 356 S. III Ea 11853

Empfiehlt es sich, den Einfluss grundlegender Veränderungen des Wirtschaftslebens auf Verträge gesetzlich zu regeln und in welchem Sinn (Geschäftsgrundlage,Vertragshilfe,Leistungsrecht)? Referate von J.Sieveking u.K.Larenz sowie Diskussionsbeiträge,Thesen u. Beschlüsse. Tübingen 1954. 91 S. II Ea 13o84

Vetter,R.: Probleme des Zeugnisverweigerungsrechts. Aarau 1954. 77 S. - Zürich,Rechts-und staatswiss.Fak.,Diss.vom 1o.Juli 1954 V Ea 12569

Vyšinskij,A.J.: Theorie der gerichtlichen Beweise im sowjetischen Recht. 3.erg.Aufl.(Aus dem Russ.übers.) Berlin 1955. 326 S. I Ea 12672

Wolf,E.;H.Naujoks: Anfang und Ende der Rechtsfähigkeit des Menschen. Frankfurt/M. 1955. 24o S. II Ea 11957

(Das sowjetische Zivilrecht,poln.:) Radzieckie prawo cywilne. (Aus dem Russ.übers.) T.1.2. Warschau 1955. T.1: 427 S. T.2: 423 S.
IV Ea 12824

15.Handelsrecht,Wertpapierrecht,Urheber-und Erfinderrecht

Lectures on federal antitrust laws. Delivered at University of Michigan Law School. June 17 - June 19, 1953. Ann Arbor 1953. 321 S.
V Ea 13162

Der Aussenhandel.3.Aufl. (Aus dem Russ.übers.) Berlin 1955. 64 S.
I Ea 11848

(Rechtsfragen des Außenhandels der UdSSR,russ.:) Pravovye voprosy vnešnej torgovli SSSR. Moskau 1955. 261 S. III Ea 12682

Beck,P.: Die Kognition des Handelsregisterführers im Rechte der Aktiengesellschaft. Aarau 1953. 136 S. Zürich,Rechts- und staatswiss.Fak.,Diss.v.31.Okt.1953 V Ea 12588

Dessauer,W.H.: Das Wertpapieraffidavit im schweizerischen Recht. Winterthur 1954. 155 S. - Zürich,Jur.Fak.,Diss.vom 11.Juli 1953
V Ea 12565

Fabiunke,G.;H.Seidel: Der Clearing- und Kompensationsverkehr im Außenhandel in seiner historischen Entwicklung. Berlin 1955. 84 S.
I Ea 11847

Haerry,H.: Die Intensität des Wettbewerbs. Ein theoret.Beitr. Winterthur 1954. 113 S. Zürich,Jur.Fak.,Diss.vom 8.Mai 1954
V Ea 12577

Isaakides,A.: Das Problem der Nichtigkeit einer Gesellschaft mit beschränkter Haftung nach schweizerischem und deutschem Recht. O.O.1954. 1o2 S. Zürich,Rechts- und staatswiss.Fak.,Diss.v. 1o.Juli 1954 V Ea 12583

Siebert,W.: Gesellschaftsvertrag und Erbrecht bei der Offenen Handelsgesellschaft. 2.Aufl. Karlsruhe 1955. 29 S. II Ea 13o96

Sprüngli,H.R.: Der unlautere Wettbewerb. Grundzüge d.Wettbewerbsrechts in rechtsvergl.Darstellg unter bes.Berücks.d.Regelungen von Frankreich,England,Deutschland u.d.Schweiz. Zürich 1955. Zürich,Jur.Fak.,Diss.von 1955. 234 S. V Ea 11917

Troller, A.: Internationale Zwangsverwertung und Expropriation von Immaterialgütern. Basel 1955. 158 S. V Ea 11901

Trumpler,H.: Unlauterer Wettbewerb und Anti-Trust-Recht der Vereinigten Staaten von Amerika. Basel 1944. 100 S. Ea 119o2

Vieli,L.: Die Rechtsfolgen des Checkverlustes nach schweizerischem und nach französischem Recht. Aarau 1954. 248 S. Zürich,Rechts- und staatswiss.Fak.,Diss.v.29.Mai 1954 V Ea 12559

Die Ordnung des Wettbewerbs. Eine Stellungnahme der Bayerischen Wirtschaft zur Kartellgesetzgebung.März 1954. Hrsg.vom Landesverband d.Bayer.Industrie. München 1954. 48 S. II Eb 293

Zeller,O.: Erfindervertragsrecht. Köln,Berlin 1953. 440 S.
II Ea 13027

16.Familienrecht

Hamawik,J.: Family Law. London 1953. 364 S. V Ea 13208

Hoyer,V.: Anerkennung von Entscheidungen in Ehesachen im Ausland auf Grund inneren Staatenrechts. Wien 1951. 91 S. V Ea 11947

Lenz,H.: Das uneheliche Kind. Sein Recht zu allen Zeiten und bei allen Völkern. Köln 1951 . 116 S. II Ea 13159

Sverdlov,G.M.: (Die sowjetischen Gesetze über die Ehe und die Familie,russ.:) Sovetskie zakony o brake i sem'e. Moskau 1955. 38 S.
III Ea 12651

Zehnder,E.: Die Verzeihung im Schweizerischen Ehescheidungs- und Erbrecht. Winterthur 1953. 1o1 S. Zürich,Rechts- und staatswiss. Fak.,Diss.v.31.Okt.1953 V Ea 12585

17.Internationales Privatrecht

Drost,H.: Internationale Rechtsgrenzen für die Liquidation von Auslandsvermögen. Frankfurt/M. 1952. 30 S. II Ea 11243

Hoyer,V.: Anerkennung von Entscheidungen in Ehesachen im Ausland auf Grund inneren Staatenrechts. Wien 1951. 91 S. V Ea 11947

Schmid,R.M.: Kollisionsrechtliche Probleme bei internationalen Darlehen und Anleihen. Aarau 1954. 1o7 S. Zürich,Rechts und staatswiss.Fak.,Diss.vom 23.Jan.1954 V Ea 12582

Tobler,G.: Der hypothetische Parteiwille im internationalen Vertragsrecht. Zürich 1949. 141 S. V Ea 11837

Wichser,W.R.: Der Begriff d.wohlerworbenen Rechts im internationalen Privatrecht. Zürich 1955. 2o7 S. V Ea 13464

18.Arbeitsrecht

Aralovec,N.D.: Die Arbeit der Frau in der Industrie der UdSSR. (Aus dem Russ.übers.) Berlin 1956. 189 S. I Ea 13289

Die beschäftigten Arbeiter,Angestellten und Beamten in der Bundesrepublik Deutschland 1938 und 1951. Bonn 1951. 28 S.II Eb 324

(Das Arbeitsrecht.Ausgewählte Texte. Rechtsprechung und Erläuterungen, Bd 1-3,poln.:) Prawo pracy.Wybrane teksty orzecznictwo i wyjasnienia. T.1-3. Warschau 1955. Bd 1: 372 S. Bd 2: 944 S. Bd 3: 343 S.
IV Ea 12823

Briefs,G.: Die Verantwortung des christlichen Unternehmers heute. Köln 1955. 14 S. II Ea 11948

Galomiris,D.: Der normative Teil des Tarifvertrages unter Berücksichtigung des belgischen,französischen,grieschischen,österreichischen und schweizerischen Tarifrechts. München 1955. 86 S.
II Ea 13333

Čigvincev,I.N.: (Die Entlohnung im Sozialismus,russ.:) Zarabotnaja plata pri socializme. Moskau 1955. 86 S. III Ea 13047

Dittmar,R.: Miteigentum. Eine Betrachtung zum Thema Lohngerechtigkeit und Unternehmungsertrag. Hamburg 1953. 48 S. II Ea 12550

Döbeli,A.: Die Vorschriften über die Arbeit in den industriellen Betrieben nach dem Entwurf eines schweizerischen Arbeitsgesetzes unter Bezugnahme auf das geltende Fabrikgesetz. Basel 1954. 219 S. V Ea 11911

Helfritz,H.: Streik und öffentliche Ordnung. München 1955. S.549-563 Aus: Forschungen u.Berichte aus dem öffentlichen Recht.
II Ea 13339

Die junge Generation in unserer sozialen Ordnung. Ein Wort der Bundesvereinigung d.Dt.Arbeitgeberverbände zu den Problemen der jungen Generation. Köln 1955. 23 S. II Eb 707

Karavaev,V.V.: (Die Sozialversicherung in der UdSSR,russ.:) Social'noe strachovanie v SSSR. Moskau 1955. 171 S.
III Ea 13050

Kistler,L.: Die Betriebsgemeinschaft. Ein Beitr.zum Mitspracherecht der Arbeitnehmer in d.Schweiz mit rechtsvergleichenden Hinweisen auf andere Staaten. Freiburg/Schweiz 1953. 172 S.
V Ea 13203

Kleiner,B.: Die Gemeinschaft der Tarifparteien.(Gesamtarbeitsvertragsgemeinschaft.) Zürich 1954. 80 S. V Ea 11919

Knabe,E.;W.Böhm: Das Recht der Schwerbeschädigten. 4.verb.u.erg. Aufl. Berlin 1956. 195 S. I Ea 13286

Kochaniak,R.: (Das Arbeitsverhältnis der Absolventen aus dem Arbeitsauftrag,poln.:) Stosunek pracy absolwntow z nakazu pracy. Warschau 1955. 39 S. IV Ea 11807

Manevič,E.L.: (Wachstumsreserven der Arbeitsproduktivität in der Industrie der UdSSR,russ.:) Rezervy rosta proizvoditel'nosti truda v promyšlennosti SSSR. Moskau 1955. 39 S. III Ea 12641

Parker,R.: Amerikanisches Arbeitsrecht. 290 Fragen und Antworten. (Aus dem Engl.übers.) Hamburg 1949. 60 S. II Ea 12604

Pašerstnik,A.E.: (Theoretische Probleme bei der Kodifizierung der Arbeitsgesetzgebung in der UdSSR,russ.:) Teoretičeskie voprosy kodifikacii obščesojuznogo zakonodatel'stva o trude. Moskau 1955. 228 S. III Ea 13066

International Labour Office. Higher Producty in manufacturing industries. Genf 1954. 195 S. V Ea 11932

Schiller,K.: Sozialismus und Wettbewerb. Hamburg 1955. 44 S.
II Ea 11945

Szubert,W.: (Die Pflicht,sichere Arbeitsbedingungen zu garantieren,poln.:) Obowiazek zapewnienia bezpiecznych warunków pracy. Warschau 1955. 49 S. IV Ea 12822

Weber,A.: Kapitalbildung und Lohnkämpfe. Berlin 1955. 77 S. II Ea 13o92

Wojtowicz,B.: (Beginn und Beendigung des Angestelltenverhältnisses, poln.:) Powstanie i ustanie pracowniczego stosunku pracy. Warschau 1955. 59 S. IV Ea 128o8

Zimmerer,C.: Kommt die 40-Stunden - Woche? Frankfurt 1955. 52 S. II Ea 11943

19.Sammelwerke

Foreign Office.Manual of German Law. Vol.1.2. London 1951-1952. Vol.1: 297 S. Vol.2: 167 S. V Ea 1321o

Forschungen und Berichte aus dem öffentlichen Recht. Gedächtnisschrift für Walter Jellinek,12.Juli 1885 - 9.Juni 1955.Hrsg.von O.Bachof,M.Drath u.a. München 1955. 660 S. II Ea 1334o

Leutner,K.: Deutsche auf die wir stolz sind. Folge 1.Berlin 1955. 335 S. I Ea 13112

III. Sonstige Wissensgebiete

Geschichte

Afrika.(Aus dem Russ.übers.) Leipzig 1954. 144 S. I Ea 13176

Amerika.(Aus dem Russ.übers.) Leipzig 1954. 160 S. I Ea 13175

Geschichte Australiens.(Aus dem Russ.übers.) Berlin 1953. 23 S. I Ea 13173

Griechenland. (Aus dem Russ.übers.) Leipzig 1956. 1o3 S. I Ea 13285

Kolumbien-Venezuela-Guayana. (Aus dem Russ.übers.) Leipzig 1956. 86 S. I Ea 13282

Magidowitsch,I.P.: Amerika - Geschichte der Entdeckung und Erforschung. (Aus dem Russ.übers.) Berlin 1953. 22 S. I Ea 13177

Sidorov,A.L.: Hauptprobleme und einige Entwicklungsergebnisse der sowjetischen Geschichtswissenschaft. Berlin 1955. 55 S. I Ea 12669

Westindien.(Aus dem Russ.übers.) Leipzig 1956. 79 S. I Ea 13283

Kulturpolitik

Girnus,W.: Unteilbare Deutsche Kultur. Berlin 1956. 45 S. I Ea 13281

Grotewohl,O.: Befreiung und Aufstieg der Volkskultur des demokratischen Deutschlands. Berlin 1955. 34 S. I Ea 13o72

Landwirtschaft

Grieko,R.:(Landwirtschaftliche Fragen und der Kampf um das Land in Italien.,russ.:) Agrarnyj vopros i bor'ba za zemlju v Italii. Moskau 1955. 514 S. III Ea 13o32

(Die Landwirtschaft und der Aufkauf landwirtschaftlicher Produkte, tschech.:) Podonospodárstvo a výkup polnohospodárskych výrobkov. Bratislava 1956. 229 S. IV Ea 12835

Lapin,I.P.: Die Wissenschaft im Dienste der Landwirtschaft.2.Aufl. (Aus dem Russ.übers.) Leipzig,Jena 1955. 28 S. I Ea 13o8o

Literatur

Aragon,L.: Die Kommunisten. Roman.Bd 1.(Aus dem Französ.übers.) Berlin 1955. 238 S. I Ea 13120

Hunger,J.: Walter von der Vogelweide. Minnesänger und politischer Dichter. Berlin 1955. 231 S. I Ea 13o73

Technik

Efimov,A.N.: (Die Rolle der Technik bei der Entwicklung der sozialistischen Produktion,russ.:) Rol'techniki v razvitii socialističeskogo proizvodstva. Moskau 1955. 39 S. III Ea 12649

Wirtschaftswissenschaften

Hurter,E.: Die Bewilligungspflicht als Mittel der Wirtschaftspolitik. Zürich 1946. 220 S. Zürich,Rechts- und staatswiss.Fak., Diss.von 1946 V Ea 1176o

(Zur wirtschaftlichen Situation der kapitalistischen Welt in den Jahren 1946-1951. Sammelband,tschech.:) K hospodářské situaci kapitalistického světa v rece 1952. Sbornik. Prag 1954. 458 S. IV Ea 11924

Lindenstruth,E.L.: Marktformen und betriebliche Absatzpolitik. Eine betriebswirtschaftliche Auseinandersetzung mit der Marktformenlehre. Winterthur 1954. 115 S.St.Gallen,Rer.pol.Diss.vom März 1954 V Ea 11918

Stadlin,A.E.: Die Entwicklung der Quantitätstheorie von Cantillon und Hume bis Ricardo. Winterthur 1954. 1o6 S. - Zürich,Rechts-und staatswiss.Fak.,Diss.vom 16.Febr.1952 V Ea 12554

Staudte,R.J.: John Law < 1671-1729 > Ein Beitrag zur Geld- und Kredittheorie der Merkantilisten u.Wirtschaftspolitik der Regence. Winterthur 1953. Zürich,Jur.Fak.,Diss.von 1953. 112 S.V Ea 119o8

Die deutsche Wirtschaft seit Potsdam. Hrsg.von A.Settel.Ein Arbeitsbericht d.Wirtschaftsabteilung d.amerikanischen Militärregierung. Oberursel,Taunus 1947. 72 S. II Eb 311

Wirtschaftsstatistik der deutschen Besatzungszonen 1945-1948 in Verbindung mit der deutschen Produktionsstatistik der Vorkriegszeit. Oberursel 1948. 160 S. II Eb 312

IV.Sonstiges

Nikitin,L.: (Die bolschewistische Zeitschrift "Prosveščenie,russ.:) Bol'ševistskij žurnal "Prosveščenie". Moskau 1955. 13o S. III Ea 13106

Nultsch,G.: Das wirtschaftswissenschaftliche und ingenieur-ökonomische Studium an den Hochschulen und Universitäten der Deutschen Demokratischen Republik. Berlin 1956. 146 S. I Ea 13225

Šejnman,M.M.: (Die Religion in der Periode des Imperialismus,russ.:) Religija v period imperializma. Moskau 1955. 31 S. III Ea 12646

Von der Verantwortung des Übersetzers. Hrsg.v.Deutscher Schriftstellerverband. Berlin 1956. 56 S. I Ea 13276

Das Verlagswesen. Das Buch.(Aus dem Russ.übers.) Berlin 1955. 78 S. I Ea 13182

Voegt,H.: Die deutsche jakobinische Literatur und Publizistik 1789-1800. Berlin 1955. 244 S. I Ea 13228

D. ÜBERSETZUNGEN AUS DER ZEITSCHRIFT "SOVETSKOE GOSUDARSTVO I PRAVO" 1)

Aus der Zeitschrift "Sovetskoe gosudarstvo i pravo"(Sowjetstaat und Sowjetrecht), die im Deutschen Institut für Rechtswissenschaft laufend vollständig übersetzt wird, gingen in dieser Berichtszeit folgende Artikel ein:

Jg.1955, Heft 6 2)

Vom Komitee für technische Terminologie der Akademie der Wissenschaften der UdSSR. Definition der Begriffe: Wissenschaftliche Entdeckung, Erfindung und Rationalisierungsvorschlag. 6 S.

Jg.1955, H.8

Lunev, A.E.(Lunjew, A.E.): Das genossenschaftliche Eigentumsrecht in der Chinesischen Volksrepublik. 20 S.

Serbov, S.(Serbow, S.): Die sechste und siebente Tagung der Kommission für Völkerrecht. 15 S.

Jg.1956, H.1

Für die Erhöhung der Rolle der Rechtswissenschaft in der Kodifizierung der sowjetischen Gesetzgebung. 26 S.

Bajtin, M.I.: Die Entwicklung des Rechts der europäischen Länder der Volksdemokratie. 28 S.

Braginskij, M.J.; M.J.Bjalik: Transitlieferungen von Waren. 22 S.

Kadari, Ch.Ch.: Die bedingte Verurteilung im sowjetischen Strafrecht. 17 S.

Tunkin, G.I.: Über einige Fragen des internationalen Vertrags im Zusammenhang mit dem Warschauer Vertrag. 15 S.

Efimočkin, V.P.(Jefimotschkin, W.P.): Neues in den allgemeinen Lieferbedingungen. 19 S.

Borisov, S.(Borisow, S.): Der internationale Gerichtshof der UNO im Jahre 1955. 7 S.

1) Die hier angezeigte Literatur ist gemäß der Benutzungsordnung der Bibliothek des Deutschen Instituts für Rechtswissenschaft für die Mitglieder des Deutschen Instituts für Rechtswissenschaft, Ministerien und zentrale Institutionen der Deutschen Demokratischen Republik und nach der Leihverkehrsordnung der Bibliotheken ausleihfähig.

2) Die Ordnung der Titel erfolgt entsprechend der Anordnung der Beiträge im Originalheft.

Der Plan der wissenschaftlichen Forschungsarbeiten des Rechtsinstituts "A.J.Wyschinski" der Akademie der Wissenschaften der UdSSR für das Jahr 1956. 8 S.

Ovčinnikov,N.J.(Owtschinnikow,N.J.): Im Allunionsinstitut für Rechtswissenschaften. 10 S.

Ladyženskij,A.M.(Ladyzhenski,A.M.): Die Verfahrensregeln der internationalen politischen Konferenzen des 20.Jahrhunderts. Ausgewählte Dokumente. Zusammengestellt von N.N.Durdenevskij. Moskau 1955. 6 S.

E. 5.(19.) VERZEICHNIS DER IN DER BIBLIOTHEK DES DEUTSCHEN INSTITUTS FÜR RECHTSWISSENSCHAFT VORHANDENEN UNVERÖFFENTLICHTEN ÜBERSETZUNGEN 1)

1.Gesetzesmaterialien und Dokumente (auch Verfassungen und Kurzkommentare)

Statut der landwirtschaftlichen Produktionsgenossenschaften in der Albanischen Volksrepublik. Statut spółdzielni rolniczych w Albańskiej Republice Ludowej [dt.] Mit einer von Henryk Świątkowski bearb.Einl. 35 S.
Orig.ersch.: Warschau 1954. ÜP 353

Statuten der Produktionsgenossenschaften.Statuty spółdzielni produkcyjnych [dt.] 90 S.
Orig.ersch.: Warschau 1953.
[Betr. Polen] ÜP 352

Gesetz vom 30.Oktober 1952 über die Staatsanwaltschaft der ČSR.
[Quelle nicht angegeben] 6 S. ÜT 308

Gesetz vom 20.Juni 1950 über die Staatsanwaltschaft der Republik Polen. 5 S.
[Quelle nicht angegeben] ÜP 348

Ordnung für die staatsanwaltschaftliche Aufsicht in der UdSSR. Bestätigt durch das Präsidium des Obersten Sowjets der UdSSR am 24.Mai 1955. 13 S.
Aus: Vedomosti verchovnogo Soveta SSSR. Nr.9 (827) Art.222.
ÜR 806

2.Theorie des Staates und des Rechts

Börsi,Gyula.: Grundlegende Fragen der Entwicklung des ungarischen Rechts in den ersten zehn Jahren des Bestehens unserer Volksdemokratie. A magyar jog fejlődésének elvi kérdései népi demokráciánk elsö tíz évében [dt.] 51 S.
Aus: Jogtudományi közlöny.1955/6. ÜUn 141

1) Die hier angezeigte Literatur ist gemäß der Benutzungsordnung der Bibliothek des Deutschen Instituts für Rechtswissenschaft für die Mitglieder des Deutschen Instituts für Rechtswissenschaft, Ministerien und zentrale Institutionen der Deutschen Demokratischen Republik und nach der Leihverkehrsordnung der Bibliotheken ausleihfähig.-Verzeichnis 1 - 4 erschien hektographiert,Verzeichnis 5 - 14 ist enthalten im Mitteilungsblatt des Deutschen Instituts für Rechtswissenschaft 1953,Nr.1 - 1955,Nr. 3

Fed'kin,G.I.(Fedkin,G.I.): Die Rolle der Gesetzgebung der UdSSR bei der Verwirklichung der Hauptfunktionen des Sowjetstaates in der zweiten Phase seiner Entwicklung. Rol'zakonodatel'stva SSSR v osuščestvlenii osnovnych funkcij sovetskogo gosudarstva vo vtoroj faze ego razvitija [dt.] 148 S.
Orig.ersch.: Moskau 1953. ÜR 809

Földes,Iván: Die Aufgaben unserer Rechtswissenschaft im Lichte der Junibeschlüsse des ZK der ungarischen Arbeiterpartei. A jogtudomány feladatai a Központi Vezetöség júniusi határozatának tükrében [dt.] 20 S.
Aus: Jogtudomáyni közlöny. 1955/9. ÜUn 137

Luby,Štefan: Schlußfolgerungen aus der Konferenz über die sozialistische Gesetzlichkeit. Závery z konferencie o socialistickej zákonnosti [dt.] 8 S.
Aus: Právny obzor. 1955/8.
[Betr. ČSR] ÜS 76

3.Geschichte des Staates und des Rechts

Efendiev,M.M.;A.I.Peršic(Efendijew,M.M.;A.I.Perschiz.): Über das Wesen der patriarchalisch-feudalen Verhältnisse bei den Viehzucht treibenden Nomaden. O suščnosti patriarchal'no-feodal'nych otnošenij u kočevnikov skotovodov [dt.] 31 S.
Aus: Voprosy istorii. 1955/11. ÜR 807

Galperin,M.Ju.: Die Ausarbeitung des Agrarprogramms der Bolschewiki in der ersten russischen Revolution durch W.I.Lenin. Razrabotka V.I.Leninym agrarnoj programmy bol'ševikov v pervoj russkoj revoljucii [dt.] 25 S.
Aus: Voprosy istorii. 1955/11. ÜR 801

4.Geschichte der politischen Anschauungen

Kulcsár,Kálmán: Der Marxismus und die historische Rechtsschule. Marxizmus és a történeti jogi iskola [dt.] 44 S.
Aus: Jogtudományi közlöny. 1955/2. ÜUn 142

5.Völkerrecht und Außenpolitik

Arbatov,Ju.A.(Arbatow,J.A.): Die Wahrheit von der "moralischen Aufrüstung". Pravda o moral'nom vooruženii [dt.]
Aus: Voprosy filosofii. 1955/4. 9 S. ÜR 812

6.Staatsrecht

Gonda,Gh.: Die Arbeit der Parteiorganisationen in den staatlichen Institutionen. Munca organisatiilor de partid din institutiile de stat [dt.] 19 S.
Aus: Der Klassenkampf. 1955/8.
[Betr.Rumänien] ÜRum 49

Lašin,A.(Laschin,A.): Die örtlichen Organe der Staatsmacht in der UdSSR. Mestnye organy gosudarstvennoj vlasti v SSSR [dt.]
Orig.ersch.: Moskau 1955. 51 S. ÜR 803

7.Verwaltungsrecht

Keine Eingänge

8.Finanzrecht

Keine Eingänge

9.Kolchosrecht,Bodenrecht,Landwirtschaftliche Produktionsgenossenschaften

Korolev,A.I.(Korolew,A.I.): Einige Fragen des Kolchoseigentumsrechts. Nekotorye voprosy prava kolchoznoj sobstvennosti [dt.]
Aus: Voprosy sovetskogo gosudarstva i prava. 67 S.
Leningrad. 1954/182.
[Betr. UdSSR] ÜR 814

10.Strafrecht,Strafprozeß

Andrejew,Igor.: Die Gesellschaftsgefährlichkeit, die Verbrechensmerkmale,die Schuld - als Kodifizierungsprobleme. Społeczne niebezpieczeństwo, znamiona przestępstwa, wina - jako problemy kodyfikacyjne [dt.] 25 S.
Aus: Nowe prawo. 1955/7-8. ÜP 346

Barna,Peter: Der Schutz des Staatsgeheimnisses. Az államtitok védelme [dt.] 16 S.
Aus: Jogtudományi közlöny. 1955/5.
[Betr.Ungarn] ÜUn 139

Lernell,Leszek: Fragen der Aufgaben der gerichtlichen Strafe auf der Grundlage der Kodifizierung des Strafrechts. Zagadnienie zadań kary sadowej na tle kodifikacji prawa karnego [dt.] 89 S.
Aus: Wojskowy Przeglad Prawniczy. 1955/2. (Sonderdruck)
[Betr.Polen] ÜP 347

Lukács,László: Über den Begriff der Amtsperson im Strafrecht "de lege ferenda". A hivatalos személy büntetöjogi fogalmárol "de lege ferenda" [dt.] 26 S.
Aus: Jogtudományi közlöny. 1955/9. ÜUn 149

Programm des sowjetischen Strafrechts.Hrsg.vom Ministerium f.Hochschulbildung d.UdSSR. 38 S.
Orig.ersch.: Moskau 1955. ÜR 805

11.Kriminalistik,Gerichtliche Medizin

Keine Eingänge

12.Gerichtsverfassung,Anwaltschaft,Staatliches Notariat

Dionisiev,Chr.;Chr.Lalov (Dionisijew,Chr.;Chr.Lalow): Einige Fragen aus der Arbeit des Gerichts und der Staatsanwaltschaft im Zusammenhang mit der Landwirtschaft.Njakoi vŭprosi po rabotata na sŭda i prokuraturata vŭv vrŭzka sŭs selskoto stopanstvo [dt.] 22 S.
Aus: Socialističesko pravo. 1955/5. [Betr.Bulgarien] ÜB 122

13.Vertragssystem,Arbitrage

Popov,Ljubomir (Popow,Ljubomir): Die zivilrechtliche Verantwortlichkeit bei Nichterfüllung der vertraglichen Verpflichtungen zwischen der MTS und der LPG. Graždanska otgovornost za nejspülnenie dogovornite zadulženija meždu MTS i TKZS [dt.] 20 S.
Aus: Socialističesko pravo. 1955/6.
[Betr.Bulgarien] ÜB 130

14.Zivilrecht,Zivilprozeß

Christov,N.: Über die Ausarbeitung der Zivilprozeßordnung der Volksrepublik Bulgarien. Po izgotvjaneto na graždanskija kodeks na narodnata republika Bulgarija [dt.] 12 S.
Aus: Socialističesko pravo. 1955/6. ÜB 128

Nizsalovszky, Endre: Der allgemeine Teil des Zivilrechtslehrbuchs der Deutschen Demokratischen Republik. A Német Demokratikus Köztársaság polgári jogi tankönyvének általános részei [dt.] Rezension.
[Quelle: Manuskript] 36 S, ÜUn 146

Nizsalovszky,Endre: Die Lehre einer Forschungsreise vom Standpunkt des Zivil- und Familienrechts und der wissenschaftlichen Organisationen. Egy tanulmányút polgári jogi, családjogi és tudományszervezési tanulságai [dt.] 33 S.
Aus: Jogtudományi közlöny. 1955/9. ÜUn 144

15.Familienrecht

Wierzbowski,Eustachy: Der Entwurf des Familiengesetzbuches der Deutschen Demokratischen Republik. Projekt kodeksu rodzinnego niemieckiej republiki demokratycznej [dt.] 9 S.
Aus: Nowe prawo. 1955/4. ÜP 354

16.Internationales Privatrecht

Keine Eingänge

17.Arbeitsrecht

Ivanov,S.(Iwanow,S.): Die Streikbewegung in den hauptsächlichsten kapitalistischen Ländern nach dem zweiten Weltkrieg. Stačečnoe dviženie v glavnych kapitalističeskich stranach posle vtoroj mirovoj vojny [dt.] 27 S.
Aus: Voprosy ėkonomiki. 1956/1. ÜR 816

Nikolaev,F.(Nikolajew,F.): Die organisierende Kraft des Kollektivvertrages. Organizujuščaja sila kollektivnogo dogovora [dt.] 12 S.
Aus: Sovetskie profsojuzy. 1955/3.
[Betr. UdSSR] ÜR 81o

18.Sonstiges

Denis'ev,V.(Denisjew, W.): Aktuelle Fragen der bibliographischen Arbeit. Nazrevšie voprosy bibliografičeskoj raboty [dt.] 20 S.
Aus: Kommunist. 1955/13.
[Betr. UdSSR] ÜR 8o4

Nizsalovszky,Endre.: Aus dem wissenschaftlichen Leben und Universitätsleben der Deutschen Demokratischen Republik. A Német Demokratikus Köztársaság egyetemi és tudományos életéből [dt.] 16 S.
Aus: Felsöoktatási szemle. 1955/7-8. ÜUn 148

Vakarelski,I.: Über die wissenschaftliche Konferenz der juristischen Fakultät. Za naučnata konferencija na juridičeskija fakultet [dt.]
Aus: Socialističesko pravo. 1955/6. 8 S.
[Betr. Bulgarien] ÜB 126

ALPHABETISCHES SACHGRUPPENVERZEICHNIS

Verantwortlicher Redakteur: Dr. Bellmann, Potsdam-Babelsberg II, Karl-Marx-Straße 2. Die Zeitschrift erscheint zweimonatlich. Der Bezugspreis beträgt pro Heft DM 3,70 zuzüglich Porto- und Versandkosten. Verlag: Akademie-Verlag GmbH., Berlin W 8, Mohrenstraße 39, Fernruf: 20 03 86, Postscheckkonto: Berlin 350 21
Satz und Druck: (100) Akademie-Verlag GmbH., Berlin W 8 (100) Ag 718/56/DDR